财政部规划教材
全国财政职业教育教学指导委员会推荐教材
全国高职高专院校会计专业立体化教材

企业财务会计实训与练习

焦建平　胡悦晖　主　编

中国财经出版传媒集团
中国财政经济出版社

图书在版编目（CIP）数据

企业财务会计实训与练习/焦建平，胡悦晖主编．—北京：中国财政经济出版社，2018.8

财政部规划教材　全国财政职业教育教学指导委员会推荐教材　全国高职高专院校会计专业立体化教材

ISBN 978-7-5095-8419-4

Ⅰ.①企…　Ⅱ.①焦…　②胡…　Ⅲ.①企业管理-财务会计-高等职业教育-教材　Ⅳ.①F275.2

中国版本图书馆CIP数据核字（2018）第169806号

责任编辑：张　铮　　　　责任校对：唐　堂
封面设计：构远设计

中国财政经济出版社出版

URL：http：//www.cfeph.cn

E-mail：cfeph@cfeph.cn

社址：北京市海淀区阜成路甲28号　邮政编码：100142

营销中心电话：010-88191537　北京财经书店电话：64033436

北京财经印刷厂印刷　各地新华书店经销

787×1092毫米　16开　10.75印张　250 000字

2018年9月第1版　2021年7月北京第5次印刷

定价：25.00元

ISBN 978-7-5095-8419-4

（图书出现印装问题，本社负责调换）

本社质量投诉电话：010-88190744

打击盗版举报热线：010-88191661　QQ：2242791300

前　言

本书是财政部规划教材、全国财政职业教育教学指导委员会推荐教材，由财政部教材编审委员会组织编写并审定，作为全国高等职业院校财经类教材使用。

本书是与《企业财务会计》配套的学习辅导书，既可搭配使用，也可作为其他企业财务会计或财务会计实务课程的参考资料。与主教材一致，本实训与练习的案例与习题都紧扣最新颁布的《企业会计准则》。在具体内容设计上，每个项目都有初级会计资格考试中的“单项选择题”“多项选择题”“判断题”等基本题型，并增加了实训和账务实操模块，从而让学生更好地了解企业财务会计课程所需要掌握的知识和实务要求，更有针对性地进行学习。本书课证结合，可作为本科院校、高职高专院校、成人高等学校会计专业及财经类相关专业会计基础课程的教辅，也可作为在职会计人员培训及自学用书。

由于编者水平有限，加之时间仓促，书中难免存在疏漏和不足，敬请专家和读者批评指正。

编　者

2018 年 8 月

目　录

项目一 Project 1

认知财务会计　明晰核算依据

任务一　认知财务会计　关注核算岗位

一、单项选择题

1. 下列项目中，不属于财务报告目标的是（　　）。
A. 向财务报告使用者提供与企业财务状况有关的会计信息
B. 向财务报告使用者提供与企业现金流量有关的会计信息
C. 反映企业管理层受托责任履行情况
D. 满足企业内部管理需要

二、多项选择题

1. 会计按其报告对象的不同可以分为（　　）。
A. 财务会计　　B. 管理会计
C. 成本会计　　D. 内部会计
2. 为贯彻内部控制中“钱、财、物分管”的原则，出纳人员不得兼管（　　）工作。
A. 会计档案保管　　B. 收入、费用账目登记
C. 债权、债务账目登记　　D. 现金日记账登记
E. 稽核
3. 会计职业领域已从传统的记账、算账、报账为主，拓展到（　　）等高端管理领域。
A. 内部控制　　B. 投融资决策
C. 企业并购　　D. 会计信息化
4. 会计岗位的设置可以是（　　）。
A. 一人一岗　　B. 一人多岗
C. 一岗多人　　D. 多人多岗

5. 会计人员的工作岗位一般可分为（　　）等。

A. 会计机构负责人（会计主管）岗位　B. 出纳岗位

C. 内部控制岗位　D. 总账岗位

三、判断题

1. 财务会计主要是对外部使用者提供财务信息。（　　）

2. 财务会计提供的信息应该保证绝对精确。（　　）

3. 一般来说，大中型企业和具有一定规模的事业行政单位，以及财务收支数额较大、会计业务较多的社会团体和其他经济组织，都应单独设置会计机构。（　　）

4. 规模小的企业可以不单独设置会计机构，可以将会计业务并入其他职能部门，或者进行代理记账。（　　）

5. 出纳人员可以兼管稽核、会计档案保管及收入、费用、债权债务账目的登记工作。（　　）

任务二　认知会计准则　明晰核算依据

一、单项选择题

1. 会计人员不得把投资者个人支出计入企业账户，依据的会计核算假设是（　　）。

A. 会计主体假设　B. 持续经营假设

C. 会计分期假设　D. 货币计量假设

2. （　　）界定了从事会计工作和提供会计信息的空间范围。

A. 会计主体假设　B. 持续经营假设

C. 会计分期假设　D. 货币计量假设

3. 会计核算上应用应收、应付、折旧、摊销等会计处理方法的基本前提是（　　）。

A. 会计主体　B. 实质重于形式

C. 会计分期　D. 持续经营

4. 在可预见的未来，企业将会按当前的规模和状态继续经营下去，不会停业，也不会大规模削减业务，这属于（　　）。

A. 会计主体假设　B. 持续经营假设

C. 会计分期假设　D. 货币计量假设

5. 企业对交易或者事项进行会计确认、计量和报告应当保持应有的谨慎，不应高估资产或者收益，也不应低估负债或者费用，这反映的是会计信息质量要求中的（　　）。

A. 重要性　B. 实质重于形式

C. 谨慎性　　D. 及时性

6. 企业对于已经发生的交易或者事项，应当及时进行会计确认、计量和报告，不得提前或者延后，这反映的是会计信息质量要求中的（　　）。

A. 可靠性　　B. 谨慎性

C. 及时性　　D. 可比性

7. 会计核算上将以融资租赁方式租入的资产视为自有资产记入“固定资产”账户，体现的是（　　）的会计信息质量要求。

A. 实质重于形式　　B. 谨慎性

C. 相关性　　D. 及时性

8. 同一会计主体在不同会计期间应尽可能采用相同的会计处理方法和程序，这一原则在会计上称为（　　）。

A. 可比性原则　　B. 可靠性原则

C. 相关性原则　　D. 实质重于形式原则

9. 我国企业会计准则规定，企业的会计核算应当以（　　）为基础。

A. 权责发生制　　B. 实地盘存制

C. 永续盘存制　　D. 收付实现制

二、多项选择题

1. 财政部2006年制定出台的企业会计准则体系由（　　）两个层次组成。

A. 基本准则　　B. 具体准则

C. 应用指南　　D. 小企业会计准则

2. 会计中期包括（　　）。

A. 年度　　B. 半年度

C. 季度　　D. 月度

3. 下列各项中，体现谨慎性原则要求的是（　　）。

A. 存货采用历史成本计价　　B. 应收账款计提坏账准备

C. 当期销售收入与费用配比　　D. 寿命不确定的无形资产每年末进行减值测试

4. 根据权责发生制原则，应记入本期收入和费用的会计事项有（　　）。

A. 本期实现的收入并已收款　　B. 本期实现的收入尚未收款

C. 属于本期的费用尚未支付　　D. 属于以后各期的费用但已支付

5. 企业在对会计要素计量时可以采用（　　）。

A. 公允价值　　B. 历史成本

C. 重置成本　　D. 现值

6. 下列关于会计分期这一基本假设的说法，正确的是（　　）。

A. 企业持续、正常的生产经营活动的前提

B. 为分期结算账目奠定了理论基础

C. 界定了提供会计信息的空间范围

D. 为会计核算提供了必要的手段

7. 下列各项中不属于公司资产的是（　　）。

A. 已经报废的固定资产

B. 融资租入的设备

C. 从外单位处购买的产品，货款已付发票已收，但由于仓库容量不足，产品仍存放在外单位

D. 受托代销商品

8. 下列属于所有者权益类科目的是（　　）。

A. 其他综合收益

B. 盈余公积

C. 资本公积

D. 递延收益

9. 下列各项中，属于企业收入的是（　　）。

A. 让渡资产使用权所取得的收入

B. 提供劳务所取得的收入

C. 出售无形资产取得的净收益

D. 出租机器设备取得的收入

10. 下列经济业务的会计处理中，体现了实质重于形式的有（　　）。

A. 融资租入固定资产按租赁资产公允价值与最低租赁付款额现值两者中较低者确定入账价值

B. 预收账款少的企业，可以不设置预收账款账户，收到预收款时计入应收账款账户的贷方

C. 企业将持有的商业汇票向银行贴现，银行拥有追索权，商业汇票所有权上的主要风险和报酬并未转移给银行，那么企业贴现时不得转销票据的账面价值

D. 售后租回交易形成融资租赁的，出售资产时不应确认资产的处置损益

E. 委托代销协议标明，受托方因代销商品出现亏损时可以要求委托方补偿，那么委托方交付商品时不确认收入

11. 下列各项体现了重要性要求的有（　　）。

A. 工业企业所持有的生产工具，尽管具有固定资产的某些特征，比如，使用期限超过一年，也能够带来经济利益，但由于数量多单价低，在实务中通常确认为存货

B. 某贸易公司购入商品时发生运杂费 500 元，由于金额较小，该公司将其直接计入销售费用

C. 甲公司 2015 年发生研发支出 100 万元，由于无法区分是研究支出还是开发支出，因此全部计入了当年的管理费用

D. 证监会要求上市公司对外提供季度财务报告

E. 某企业将年初预付的全年报刊费，一次性计入当月管理费用

12. 下列各项符合谨慎性要求的有（　　）。

A. 甲公司的一台大型生产设备，由于市场上出现了更先进的同类设备，因此，甲公司将该设备的折旧方法由直线法改为年数总和法

B. 甲公司被 A 公司起诉索赔，甲公司估计很可能败诉，期末法院判决仍未下达，甲为

此确认一笔预计负债

C. 附有销售退回条件的商品销售，企业不能合理估计退货可能性的，通常应在售出商品退货期满时确认收入

D. 存货期末按成本与可变现净值孰低计量

E. 物价持续上涨的期间，采用先进先出法计量发出存货的成本

13. 下列各项中，属于应计入损益的利得的有（　　）。

A. 处置固定资产产生的净收益

B. 重组债务形成的债务重组收益

C. 持有其他权益工具投资的公允价值增加额

D. 对联营企业投资的初始投资成本小于应享有投资时联营企业净资产公允价值份额的差额

三、判断题

1. 权责发生制是以收到或支付现金作为确认收入和费用的依据。（　　）

2. 区分收入和利得、费用和损失、流动资产和非流动资产、流动负债和非流动负债以及适度引入公允价值体现的是会计的可靠性。（　　）

3. 会计信息在可靠性的前提下，应尽可能做到信息相关，以满足投资者等财务报告使用者的决策需要。（　　）

4. 资产按照其购置时支付的现金或者现金等价物的金额或者按照购置资产时所付出的对价的公允价值计量，则其采用的会计计量属性是公允价值。（　　）

5. 发放股票股利会导致发放企业所有者权益减少。（　　）

6. 因向所有者分配利润而导致经济利益的流出应当属于费用。（　　）

7. 利润包括两个来源：收入减去费用后的净额以及直接计入当期损益的利得和损失。（　　）

8. 现值是取得某项资产在当前需要支付的现金或现金等价物。（　　）

9. 法律主体必定是会计主体，会计主体也必定是法律主体。（　　）

10. 根据谨慎性原则，企业要定期对可能发生的各项资产损失计提减值准备，这体现了谨慎性原则对历史成本原则起着修正的作用。（　　）

四、应用能力训练

【实训一】

【实训目的】 训练会计假设的运用及判断。

【实训资料】

某会计师事务所由王某、刘某合伙创建，经营过程中的业务收支以人民币为主。该会计师事务所在6月份发生了下列经济业务，并由会计做了相应的处理：

(1) 6月5日，王某从事务所出纳处拿了280元现金给自己的孩子购买玩具，会计将280元记为事务所的办公支出。

(2) 6 月 15 日，会计将 6 月 1 日 ~15 日的收入、费用汇总后计算出半个月的利润，并编制了财务报表。

(3) 6 月 20 日，事务所收到某外资企业支付的业务咨询费 2 000 美元，会计人员没有将其结汇，而直接存入公司开设的美元账户中。

(4) 6 月 30 日，支付下季度房租 3 000 元，全部作为 6 月份的费用。

【实训要求】 根据上述资料，分析该事务所的会计在处理这些经济业务时是否正确，若有错误，请说明主要是违背了哪项会计假设。

【实训二】

【实训目的】 训练权责发生制的运用。

【实训资料】

根据某企业 3 月份发生的经济业务计算并填列下表（不考虑增值税）。

(1) 销售产品 40 000 元，款已收到并已存入银行。

(2) 收到某单位还来上月所欠货款 35 000 元。

(3) 销售产品 20 000 元，本月未收到货款。

(4) 某单位交来预付货款 25 000 元，订购本企业产品。

(5) 预付第二季度财产保险费 1 200 元。

(6) 支付本季度借款利息共 3 200 元（1 月份 1 000 元，2 月份 1 050 元）。

(7) 用银行存款支付本月广告费 30 000 元。

【实训要求】 分别采用权责发生制和收付实现制计算 3 月份的收入和费用。

业务号	权责发生制		收付实现制	
	收入	费用	收入	费用
(1)				
(2)				
(3)				
(4)				
(5)				
(6)				
(7)				
合计				

项目二 Project 2

记录货币资金　维护资金安全

任务一　记录与保管库存现金

一、单项选择题

1. 会计上所说的现金是指企业的（　　）。

A. 库存现金

B. 库存现金和银行存款

C. 库存现金、银行存款和有价证券

D. 库存现金、银行存款和有价证券及其他货币资金

2. 库存现金限额为一般不超过（　　）的日常零星开支量。

A. 3 天　　B. 5 天

C. 3～5 天　　D. 15 天

3. 对于将现金存入银行的业务，一般只编制（　　），并据以登记入账。

A. 银行付款凭证　　B. 现金付款凭证

C. 银行收款凭证　　D. 现金收款凭证

4. 库存现金明细分类核算采用的明细分类账簿是（　　）。

A. 数量金额式明细账　　B. 库存现金日记账

C. 科目汇总表　　D. 现金收付款凭证

5. 每日终了，应根据登记完毕的“现金日记账”的结余数与（　　）核对相符。

A. 支票备查簿　　B. “现金”总账

C. 现金收付款凭证　　D. 库存现金数

6. 库存现金清查中发现的现金短缺，应及时根据“库存现金盘点报告表”进行账务处理，会计分录借方为（　　）。

A. 管理费用　　B. 待处理财产损溢

C. 营业外支出　　D. 其他业务支出

7. 企业对无法查明原因的现金溢余，经批准后应转入（　　）科目。

A. 主营业务收入　　B. 其他业务收入

C. 其他应付款　　D. 营业外收入

8. 确定无法查明原因的定额内的现金短款，经批准后应记入（　　）。

A. 其他应付款　　B. 管理费用

C. 营业外支出　　D. 待处理财产损溢

9. 企业从开户银行提取现金，应当写明用途，由（　　）签章，经开户银行审核后，予以支付现金。

A. 本单位负责人　　B. 本单位财会部门负责人

C. 本单位的上级负责人　　D. 本单位预算负责人

10. 职工出差前用现金预支差旅费应贷记的账户是（　　）。

A. 其他应收款　　B. 管理费用

C. 库存现金　　D. 预付款项

11. 下列情形中，不违背“确保办理货币资金业务的不相容岗位相互分离、制约和监督”原则的是（　　）。

A. 由出纳人员兼任会计档案保管工作

B. 由出纳人员保管签发支票所需全部印章

C. 由出纳人员兼任收入总账和明细账的登记工作

D. 由出纳人员兼任固定资产明细账及总账的登记工作

12. 2018 年 12 月 31 日，某企业进行现金清查，发现库存现金短款 300 元。经批准，应由出纳员赔偿 180 元，其余 120 元无法查明原因，由企业承担损失。不考虑其他因素，该业务对企业当期营业利润的影响金额为（　　）元。

A. 0　　B. 120

C. 300　　D. 180

二、多项选择题

1. 下列项目中属于现金开支范围的有（　　）。

A. 支付职工工资、津贴　　B. 支付给个人的劳动报酬

C. 结算起点 1 000 元以下的零星开支　　D. 用收回的销货款直接支付个人的款项

2. 以下关于现金限额叙述正确的是（　　）。

A. 现金限额是指为了保证企业日常零星开支的需要，允许单位留存现金的最低数额

B. 现金限额是指为了保证企业日常零星开支的需要，允许单位留存现金的最高数额

C. 现金限额由开户银行根据单位的实际需要核定，一般按照单位 3 ~ 5 天日常零星开支的需要确定

D. 边远地区和交通不便地区开户单位的库存现金的现金限额，可按多于 5 天但不超过 10 天的日常零星开支的需要确定

3. 下列选项中符合现金管理制度的是（　　）。

A. 现金收入应当于当日送存银行

B. 单位根据需要支付现金，可以从本单位库存现金限额中支付或开户银行中提取，不得从本单位的现金收入中直接支付

C. 开户单位在任何情况下都不得坐支现金

D. 开户单位从银行提取现金时应经单位负责人签字盖章

4. 下列各项中，关于企业无法查明原因的现金溢余，经批准后会计处理表述不正确的是（　　）。

A. 计入其他应付款　　B. 冲减财务费用

C. 冲减管理费用　　D. 计入营业外收入

三、判断题

1. 在进行现金核对时，库存现金实有数，包括借条、收据等在内，必须与现金日记账的账面余额相符合。（　　）

2. 不管任何情况下，企业一律不准坐支现金。（　　）

3. 每日终了，企业必须将现金日记账的余额与现金的实际库存数进行核对，做到账账、账实相符。（　　）

4. 货币资金核算主要包括库存现金、银行存款和应收账款等内容。（　　）

5. 现金清查中，对于无法查明原因的现金短缺，经批准后应计入营业外支出。（　　）

四、真账实操演练

扫一扫

“学过”区块课真账实操

任务二　记录与核对银行存款

一、单项选择题

1. 按照国家《银行账户管理办法》规定，企业的工资、奖金等现金的支取，只能通过（　　）办理。

A. 基本存款账户　　B. 一般存款账户

C. 临时存款账户　　　　　　　　　　D. 专用存款账户

2. 对于银行已入账而企业尚未入账的未达账款，企业应当（　　）。

A. 根据“银行对账单”入账　　　　　B. 根据“银行存款余额调节表”入账

C. 根据对账单和调节表自制凭证入账　D. 待有关结算凭证到达后入账

3. 经“银行存款余额调节表”调整后的银行存款余额是（　　）。

A. 企业账上的银行存款额　　　　　B. 银行对账单的银行存款额

C. 资产负债表中反映的银行存款余额　D. 可以动用的银行存款额

二、多项选择题

1. 下列账款中属于未达账项的有（　　）。

A. 企业已开出但银行尚未兑付的支票

B. 企业签发现金支票，持票人尚未到银行提取现金

C. 银行收到委托款项但尚未通知企业

D. 银行划付电话费但未将其通知单送达企业

2. 在下列各项中，会使企业银行存款日记账小于银行对账单余额的有（　　）。

A. 银行误将其他公司的存款记入本企业“银行存款”账户

B. 企业开出支票，对方未到银行兑付

C. 银行代扣电费，企业未收到通知

D. 委托收款结算方式下，银行收到结算款项，企业尚未收到通知

3. 下列关于银行结算纪律说法正确的是（　　）。

A. 条件具备时，可以把银行账户转借他人使用

B. 不得签发没有资金保证的票据

C. 不得套取银行信用

D. 不准违反规定开立和使用账户

4. 企业银行存款日记账与银行对账单不符的主要原因有（　　）。

A. 存在企业已付银行未付的账项　　B. 存在企业已收银行未收的账项

C. 存在银行已付企业未付的账项　　D. 企业或银行记账错误

5. 编制银行存款余额调节表时，下列未达账项，会导致企业银行存款日记账账面余额小于银行对账单余额的有（　　）。

A. 企业开出支票，银行尚未支付

B. 企业送存支票，银行尚未入账

C. 银行代收款项，企业尚未接到收款通知

D. 银行代付款项，企业尚未接到付款通知

三、判断题

1. 每个企业只能在银行开立一个基本账户，企业的工资、奖金等现金的支取只能通过该账户办理。（　　）

2. 银行存款余额调节表是调整企业银行存款账面余额的原始凭证。 （ ）

3. 未达账款是指企业与银行之间由于凭证传递上的时间差，一方已登记入账而另一方尚未入账的账项。 （ ）

4. 企业与银行核对银行存款账目时，对已发现的未达款项，应当编制银行存款余额调节表进行调节，并以银行存款余额调节表作为原始凭证进行相应的账务处理。 （ ）

5. 编制银行存款余额调节表只是为了核对账目，不能作为调节银行存款日记账账面余额的记账依据。 （ ）

四、应用能力训练

【实训一】

【实训目的】练习银行存款余额调节表的编制。

【实训资料】

江苏天润机械有限公司 2018 年 9 月 30 日银行存款日记账余额为 540 000 元，银行转来对账单余额为 830 000 元。经逐笔核对，发现以下未达账项：

（1）企业送存转账支票 600 000 元，并已登记银行存款增加，但银行尚未记账。

（2）企业开出转账支票 450 000 元，但持票单位尚未到银行办理转账，银行尚未记账。

（3）企业委托银行代收某公司购货款 480 000 元，银行已收妥并登记入账，但企业尚未收到收款通知，尚未记账。

（4）银行代企业支付电话费 40 000 元，银行已登记企业银行存款减少，但企业未收到银行付款通知，尚未记账。

【实训要求】根据资料，编制“银行存款余额调节表”。

银行存款余额调节表

项目	余额	项目	金额
企业银行存款日记账余额 加：银行已收、企业未收款 减：银行已付、企业未付款		银行对账单余额 加：企业已收、银行未收款 减：企业已付、银行未付款	
调节后的存款余额		调节后的存款余额	

【实训二】

【实训目的】练习银行存款业务的操作。

【实训资料】

江苏天润机械有限公司 11 月发生如下业务：、

（1）向长隆公司购买原材料，收到增值税专用发票注明价款 200 000 元，增值税 34 000 元，天润公司开出转账支票支付材料款，材料已入库。

（2）收到佳佳旺公司交来的转账支票一张，金额 6 000 元，用以归还上月所欠货款，支票已送存银行。

（3）向丁公司出售多余材料一批，增值税专用发票上注明价款 1 000 元，税款 170 元，收到对方开来的转账支票一张。

【**实训要求**】根据上述资料，编制相关会计分录。

五、真账实操演练

任务三　记录其他货币资金

一、单项选择题

1. 银行汇票是由（　　）签发的。

A. 企业　　B. 收款人

C. 银行　　D. 持票人

2. 银行汇票付款期限为自出票日起（　　）。

A. 2 个月　　B. 3 个月

C. 1 个月　　D. 半年

3. 使用银行本票支付各种款项，适用于（　　）。

A. 不同票据交换区域　　B. 同一票据交换区域

C. 同域异地均可　　D. 异地

4. 银行本票的付款期限为自出票日起最长不超过（　　）。

A. 1 个月　　B. 2 个月

C. 3 个月　　D. 6 个月

5. 企业将款项汇往异地银行开立采购专户，编制该业务的会计分录时应当为（　　）。

A. 借记"应收账款"科目，贷记"银行存款"科目

B. 借记"其他货币资金"科目，贷记"银行存款"科目

C. 借记"其他应收款"科目，贷记"银行存款"科目

D. 借记"材料采购"科目，贷记"其他货币资金"科目

二、多项选择题

1. 下列各项属于其他货币资金的是（　　）。

A. 外埠存款　　　　B. 银行汇票存款

C. 银行本票存款　　　　D. 信用卡存款

2. 下列各项中，企业应通过“其他货币资金”科目核算的有（　　）。

A. 存入证券公司指定银行的存出投资款

B. 企业持有的 3 个月内到期的债券投资

C. 申请银行汇票划转出票银行的款项

D. 汇往采购地银行开立采购专户的款项

3. 下列各项中，不应通过“其他货币资金”科目核算的有（　　）。

A. 销售商品收到购货方交来的商业汇票

B. 租入包装物支付的存出保证金

C. 存放在企业其他部门和个人的备用金

D. 销售货物收到的银行汇票资金

三、判断题

1. 货币资金核算主要包括库存现金、银行存款及其他货币资金。（　　）

2. 银行本票按其金额是否固定分为不定额和定额两种。（　　）

3. 存出投资款是指企业到外地进行临时或零星采购时，汇往采购地银行开立采购账户的款项。（　　）

四、应用能力训练

【实训一】

【实训目的】 练习其他货币资金业务的操作。

【实训资料】

2018 年 10 月 11 日甲公司派采购员到上海采购材料，开出汇款委托书，委托当地开户银行将采购款项 5000 元汇往上海银行开立采购专户。采购完成后，收到采购人员交来的材料发票账单，列明材料货款 4 000 元，增值税税率 16%，税额 640 元，材料已验收入库，余额 360 元已经汇回。

【实训要求】 根据上述资料，编制相关会计分录。

【实训二】

【实训目的】练习其他货币资金业务的操作。

【实训资料】

2018 年 11 月 20 日甲公司向银行交存 10 000 元，申请办理银行本票，并取得银行本票。采购员持银行本票采购材料，增值税专用发票上注明材料价款 7 000 元，增值税税额 1 120 元，材料尚未入库，多余款已退回甲公司开户行。

【实训要求】根据上述资料，编制相关会计分录。

项目三 *Project 3*

认知结算方式 办理资金收付

任务一 办理支票结算

一、单项选择题

1. 适用于同城结算的方式有（ ）

A. 支票 B. 银行汇票

C. 商业汇票 D. 银行本票

2. 可以提取现金的支票是（ ）。

A. 现金支票 B. 转账支票

C. 20 天前签发的现金支票 D. 划线支票

二、多项选择题

1. 银行票据结算方式是指通过《票据法》规定的（ ）等工具来结清资金的结算方式。

A. 支票 B. 银行汇票

C. 商业汇票 D. 银行本票

2. 支票共有（ ）这几种。

A. 现金支票 B. 转账支票

C. 普通支票 D. 划线支票

3. 签发支票时，（ ）发生错误，不得更改，更改则无效，发生错误时只能作废重开。

A. 收款人名称 B. 出票日期

C. 金额 D. 用途

三、判断题

1. 支票的出票日期应为大写，月份为1、2和10的前加“零”，分别写为零壹月、零贰月、零壹拾月。（ ）

2. 出票日期应为大写，小写无效。规则为：月份为1、2和10的前加“零”，分别写为零壹月、零贰月、零壹拾月；日为1～9、10、20、30前加“零”，如1日为零壹日，20日为零贰拾日、30日为零叁拾日；日为11～19的前加“壹”，如11日写成壹拾壹日，以此类推。（ ）

3. 转账支票是可以背书转让的。（ ）

四、真账实操演练

任务二 办理银行汇票结算

一、单项选择题

1. 银行汇票是（ ）签发的，由其在见票时按照实际结算金额无条件支付给收款人或者持票人的票据。

A. 出票银行　　B. 付款人
C. 收款人　　D. 承兑人

2. 核算银行汇票存款的科目是（ ）。

A. 应收票据　　B. 应付票据
C. 银行存款　　D. 其他货币资金

二、多项选择题

1. 根据中国人民银行有关支付结算办法的规定，下列结算方式中说法正确的是

(　　)。

A. 银行本票的付款期限为自出票日起 1 个月内

B. 在银行开立存款账户的法人以及其他组织之间必须具有真实的交易关系或债权债务关系，才能使用商业汇票

C. 单位可以将销货收入的款项存入其信用卡账户，但不得从单位卡中支取现金

D. 采用托收承付结算方式时，购销双方必须签订合法的购销合同，并在合同上写明使用托收承付结算方式

三、判断题

1. 不论同城、异地，单位和个人的各种款项的结算均可采用银行汇票结算。　(　　)

2. 银行汇票付款期为 1 个月，不分大月、小月一律按次月对日计算，到期日遇节假日顺延。　(　　)

3. 银行汇票可以用于转账，填明“现金”字样的银行汇票也可以用于支取现金。申请人或者收款人为单位的，不得在“银行汇票申请书”上填明“现金”字样。　(　　)

四、应用能力训练

【实训目的】练习银行汇票业务的操作。

【实训资料】

某企业发生如下经济业务：

(1) 委托银行开出银行汇票 10 000 元，有关手续已办妥，采购员李明持票到外地甲市采购材料。

(2) 企业派采购员王嘉到外地乙市采购材料，委托银行汇款 20 000 元，到乙市开立采购账户。

(3) 李明在甲市采购结束，增值税专用发票标明：材料价款 5 000 元，增值税税率 16%，增值税 800 元，共计款项 5 800 元，材料已验收入库。用银行汇票支付 5 800 元，多余款项退回基本存款账户。

(4) 王嘉在乙市的采购结束，增值税专用发票标明：材料价款 10 000 元，增值税税率 16%，增值税 1 600 元，款项共计 11 600 元，材料已验收入库。同时接到银行多余款收账通知，退回余款 8 400 元。

【实训要求】根据上述资料，编制相关会计分录。

五、真账实操演练

扫一扫

“学过”区块课真账实操

任务三 办理银行本票结算

一、单项选择题

1. 按照我国会计准则规定，下列票据中应作为应收票据核算的是（ ）。

A. 支票　　B. 银行本票

C. 商业汇票　　D. 银行汇票

2. 核算银行本票存款的科目是（ ）。

A. 应收票据　　B. 应付票据

C. 银行存款　　D. 其他货币资金

二、多项选择题

1. 允许背书转让的票据有（ ）。

A. 转账支票　　B. 银行本票

C. 商业汇票　　D. 银行汇票

2. 需要记名的票据有（ ）。

A. 支票　　B. 银行本票

C. 商业汇票　　D. 银行汇票

三、判断题

1. 签发银行本票的出票人必须是经过人民银行当地分支行批准办理银行本票业务的银行机构。（ ）

2. 单位和个人在同一票据交换区域需要支付各种款项，均可以使用银行本票办理。

（　　）

3. 银行本票可以用于转账，注明“现金”字样的银行本票不可以用于支取现金。

（　　）

4. 银行本票可分为定额本票和不定额本票两种，定额本票的面额分为 1 000 元、2 000 元、10 000 元和 20 000 元四种。

5. 银行本票的提示付款期限自出票日起最长不得超过一个月（不论大月、小月均按到期月份对日计算，到期日遇节假日顺延）。

四、应用能力训练

【实训一】

【实训目的】练习银行本票业务的操作。

【实训资料】

某企业发生如下经济业务：

（1）2018 年 10 月 10 日向昆明兴隆公司销售一批多余 B 材料，开出增值税专用发票，注明价款 100 00 元，增值税税率 16%，增值税 1 600 元，收到对方交来的一张银行本票，金额 11 600 元；同日，企业填制进账单并连同银行本票一并送交银行，办理收款事项。

（2）委托银行开出银行本票，票面金额 50 000 元，有关手续已办妥。

【实训要求】根据上述，编制相关会计分录。

【实训二】

【实训目的】练习银行本票业务的操作。

【实训资料】

2018 年 10 月 9 日，江苏天润机械有限公司填写银行本票申请书向银行申请签发银行本票，银行受理签发 7 656 元的银行本票；取得银行本票。10 月 15 日，公司采购员用上述银行本票支付购买乙材料，交给财务部门增值税专用发票、原材料入库单。增值税专用发票注明买价 6 600 元，增值税率 16%，增值税 1 056 元。

【实训要求】

（1）10 月 9 日，取得银行本票，根据退回的申请书对取得银行本票业务进行账务处理。

（2）10 月 15 日，对使用银行本票购买乙材料业务进行账务处理。

任务四　办理商业汇票结算

一、单项选择题

1. 企业支付的银行承兑汇票手续费应计入（　　）。

A. 管理费用　　B. 财务费用

C. 营业外支出　　D. 其他业务支出

2. 商业汇票的付款期限最长不得超过（　　）。

A. 2 个月　　B. 3 个月

C. 6 个月　　D. 1 年

3. 银行承兑汇票的承兑人是（　　）。

A. 购货单位　　B. 购货单位开户银行

C. 销货单位　　D. 销货单位开户银行

二、多项选择题

1. 商业承兑汇票可以由（　　）。

A. 付款人签发并承兑

B. 银行签发并承兑

C. 收款人签发，由付款人承兑

D. 银行承兑，由在银行开立存款账户的存款人签发

2. 商业汇票按承兑人不同分为（　　）。

A. 收款人承兑汇票　　B. 付款人承兑汇票

C. 商业承兑汇票　　D. 银行承兑汇票

三、判断题

1. 商业承兑汇票的承兑人是购货企业的开户银行。（　　）

2. 银行承兑汇票到期日付款人账户不足支付时，其开户银行应代为付款。（　　）

3. 商业汇票在同城、异地均可使用。（　　）

4. 商业汇票只能用于劳务结算，不可以用于商品交易的结算。（　　）

5. 商业汇票的付款期限最长不得超过一年。（　　）

四、应用能力训练

【实训目的】练习商业汇票业务的操作。

【实训资料】

江苏天润机械有限公司向昆明兴隆公司采购甲材料一批，双方约定采用银行承兑汇票结算。2018 年 11 月 12 日，公司签发银行承兑汇票交由银行承兑，并交纳承兑手续费 5 00 元后，取得银行承兑汇票。15 日，向兴隆公司交付汇票后，取得购买原材料专用发票，注明价款 70 000 元，增值税税率 16%，增值税 11 200 元，材料已验收入库。12 月 12 日，汇票到期，款项交存银行偿还票款。

【实训要求】

（1）11 月 12 日，对交纳承兑手续费业务进行账务处理。

（2）11 月 15 日，对使用银行承兑汇票购买原材料业务进行账务处理。

（3）假设票据到期，企业无力支付，请进行账务处理。

五、真账实操演练

任务五　办理汇兑结算

一、单项选择题

1. 核算汇兑的科目是（　　）。

A. 应收票据　　B. 应付票据

C. 银行存款　　D. 其他货币资金

二、多项选择题

1. 汇兑分为（　　）两种。

A. 信汇　　　　B. 电汇
C. 邮寄　　　　D. 电报

2. 下列结算方式，可以用于同城结算的有（　　）。

A. 支票　　　　B. 托收承付
C. 银行本票　　　　D. 汇兑

三、判断题

1. 单位和个人的各种款项的结算，均可使用汇兑结算方式。（　　）
2. 汇兑结算方式适用于同城之间的各种款项的结算。（　　）

四、应用能力训练

【实训目的】练习汇兑业务的操作。

【实训资料】

2018 年 6 月 20 日，江苏天润机械有限公司填写“结算业务申请书”，选择电汇方式，委托银行汇出 200 000 元到外地设立采购专户。6 月 26 日，财务人员收到采购人员的“原材料收购凭证”，注明收购 A 原材料 110 000 元，增值税 17 600 元，材料验收入库。6 月 28 日，收到开户银行转来余款收账通知。

【实训要求】

（1）6 月 20 日，收到“结算业务申请书”回单联，对汇款业务进行会计处理。
（2）6 月 26 日，对原材料采购业务进行会计处理。
（3）6 月 28 日，对收回余款业务进行会计处理。

五、真账实操演练

任务六　办理委托收款结算

一、单项选择题

1. 办理托收承付结算的款项，必须是（　　）。

A. 商品交易款项　　B. 代销商品款项

C. 寄销商品款项　　D. 赊销商品款项

二、多项选择题

1. 根据中国人民银行有关支付结算办法的规定，下列结算方式中说法正确的是（　　）。

A. 银行本票的付款期限为自出票日起 1 个月内

B. 在银行开立存款账户的法人与其他组织之间必须具有真实的交易关系或债权债务关系，才能使用商业汇票

C. 单位可以将销货收入的款项存入其信用卡账户，但不得从单位卡中支取现金

D. 采用托收承付结算方式时，购销双方必须签订合法的购销合同，并在合同上写明使用托收承付结算方式

2. 按照《支付结算办法》的规定，采用托收承付结算方式时购货企业的承付期是（　　）。

A. 3 天　　B. 15 天

C. 7 天　　D. 10 天

3. 以下支付结算方式中，只适用于商品交易结算业务的有（　　）。

A. 支票　　B. 委托收款

C. 托收承付　　D. 信用证

三、判断题

1. 委托收款是收款人委托银行向付款人收取款项的结算方式。委托收款结算方式，按款项划转方式不同，可分为邮寄和电报两种，由收款人选用。（　　）

2. 委托收款适用于在银行或其他金融机构开立账户的单位和个体经济户的商品交易、劳务款项以及其他应收款项的结算。只限同城使用。（　　）

四、应用能力训练

【实训目的】 练习委托收款业务的操作。

【实训资料】

2018 年 7 月 18 日江苏天润机械有限公司向江苏大通公司销售产品一批，发票注明价款 10 000 元，增值税税率 16%，增值税 1 600 元，双方约定采用委托收款结算方式，天润公司销货后办妥委托收款手续。7 月 21 日，银行转来“委托收款结算凭证”收款通知，收到江苏大通公司货款 11 600 元。

【实训要求】

（1）7 月 18 日，对销售业务进行会计处理。

（2）7 月 21 日，对收款业务进行会计处理。

五、真账实操演练

任务七　其他结算方式的办理

一、判断题

1. 各种企业因商品交易产生的货款，以及因商品交易而产生的劳务供应的款项，在与开户银行签订网银协议后，可以通过网上银行支付。（　）

2. 企业（法人）可以办理银行信用卡。（　）

二、应用能力训练

【实训目的】 练习银行结算业务的操作。

【实训资料】

某企业 2018 年 8 月 ~9 月发生经济业务如下：

（1）企业购买办公用品 1 500 元，用信用卡付款。收到银行转来的信用卡存款的付款凭证及所付账单，经审核无误。请进行会计处理。

（2）企业于 8 月 16 日向银行申领信用卡，交存银行 50 000 元。9 月 10 日，该公司用信用卡购买办公用品 3 000 元，增值税专用发票上注明的增值税税额为 480 元。请进行会计处理。

（3）8 月 20 日，总经理报销业务招待费 2 000 元，刷信用卡支付。

（4）9 月 18 日，公司通过支付宝平台收到大宇有限公司前欠货款 1 800 元。

【实训要求】根据上述资料，编制相关会计分录。

项目四 Project 4

记录应收款项　厘清债权资产

任务一　记录与管理应收票据

一、单项选择题

1. 企业持有的不带息商业汇票向银行申请贴现，支付给银行的贴现利息应计入的会计科目是（　　）。

A. 财务费用　　B. 管理费用

C. 投资收益　　D. 营业外支出

2. 在我国，企业收到的商业汇票应以（　　）计价。

A. 到期值的现值　　B. 票据贴现值

C. 票据面值　　D. 票据到期值

3. 企业将销售商品收到的银行承兑汇票背书转让，用于支付购买原材料的价款，应贷记的科目是（　　）。

A. 应收账款　　B. 应收票据

C. 应付票据　　D. 银行存款

4. 企业的应收票据到期，承兑人无力偿还票款的，应将其转入（　　）科目。

A. 应收账款　　B. 应付账款

C. 其他应收款　　D. 预收账款

5. 甲公司将一张面值为 320 万元的应收票据转让给乙公司，从乙公司购入价款 300 万元，增值税进项税额 48 万元的原材料，余款甲公司以银行存款补付。甲公司应补付的金额为（　　）万元。

A. 48　　B. 300

C. 38　　D. 28

二、多项选择题

1. 下列各项中，企业应通过“应收票据”科目核算的有（　　）。
A. 销售产品收到的银行承兑汇票
B. 提供劳务收到的商业承兑汇票
C. 以持有的商业承兑汇票背书抵付前欠货款
D. 收到购货方背书转让的银行承兑汇票
2. 按照商业汇票的承兑人不同，商业汇票包括（　　）。
A. 银行本票　　B. 银行汇票
C. 银行承兑汇票　　D. 商业承兑汇票
3. 企业将不带息票据贴现时，影响贴现利息计算的因素有（　　）。
A. 票据的面值　　B. 票据贴现期
C. 企业持票天数　　D. 贴现利率

三、判断题

1. 企业取得应收票据时，无论是否带息，均应按其到期值入账。（　　）
2. 我国的应收票据只核算商业承兑汇票，而不包括其他任何票据。（　　）
3. 企业持不带息的商业汇票向银行申请贴现，其贴现利息应计入财务费用。（　　）
4. 企业收到债务人签发的用于抵偿前欠货款的商业承兑汇票时，其会计处理应借记“应收票据”科目，贷记“应收账款”科目。（　　）

四、应用能力训练

【实训目的】练习应收票据业务的操作。

【实训资料】

甲公司为增值税一般纳税人，适用的增值税税率为16%。2018年发生以下经济业务：

（1）7月1日，向乙公司销售一批产品，价款150 000元，增值税税率16%，款项尚未收到，已办妥托收手续。

（2）9月15日，甲公司收到乙公司开出的一张期限为3个月，面值为174 000元的银行承兑汇票，抵付上述前欠货款。

（3）3个月后，上述应收票据到期，收回票面金额174 000元存入银行。

（4）假设10月15日，甲公司将上述应收票据背书转让给丙公司，以取得生产经营所需A材料。该材料价款为170 000元，适用的增值税税率为16%。余款甲公司当即以银行存款补付。

【实训要求】根据以上资料，编制相关会计分录。

任务二　记录与管理应收账款

一、单项选择题

1. 某企业赊销商品一批，符合收入确认条件，增值税专用发票注明的价款为 200 000 元，增值税税额为 32 000 元。该企业代垫运杂费 3 000 元、包装费 2 000 元（均不考虑增值税）。该企业确认的应收账款为（　　）元。

A. 239 000　　B. 237 000

C. 205 000　　D. 232 000

2. 企业销售商品代购货单位垫付的包装费、运杂费应记入的会计科目是（　　）。

A. 销售费用　　B. 原材料

C. 应收账款　　D. 管理费用

3. 某企业为增值税一般纳税人，适用的增值税税率为16%。2018 年 11 月 1 日，该企业向某客户销售商品 20 000 件，单位售价为 20 元（不含增值税），单位成本为 10 元，给予客户 10% 的商业折扣，当日发出商品，并符合收入确认条件。销售合同约定的现金折扣条件为 2/10、1/20、N/30（计算现金折扣时不考虑增值税）。不考虑其他因素，该客户于 11 月 15 日付款时享有的现金折扣为（　　）元。

A. 4 680　　B. 3 600

C. 4 212　　D. 4 000

4. 2018 年 9 月 1 日，甲公司赊销给乙公司一批商品，售价为 10 000 元，增值税为 1 600 元，约定的现金折扣条件为 3/10、2/20、N/30，假定计算现金折扣不考虑增值税因素。9 月 16 日，甲公司收到乙公司支付的款项，则甲公司实际收到的金额是（　　）元。

A. 11 466　　B. 11 400

C. 11 500　　D. 11 700

5. 企业销售商品确认收入后，对于客户实际享受的现金折扣，会计上应作为（　　）处理。

A. 冲减销售收入　　B. 应收账款

C. 销售费用　　D. 财务费用

6. 下列各项中，在确认销售收入时不影响应收账款入账金额的是（　　）。

A. 销售价款　　B. 增值税销项税额

C. 现金折扣　　D. 销售产品代垫的运杂费

二、多项选择题

1. 下列各项中，构成应收账款入账价值的有（　　）。

A. 赊销商品的价款　　B. 代购货方垫付的保险费

C. 代购货方垫付的运杂费　　D. 销售货物发生的商业折扣

2. 下列关于现金折扣与商业折扣的说法，正确的是（　　）。

A. 商业折扣是指企业为了促进销售，在商品价目单原定价格的基础上给予购货方的价格扣除

B. 现金折扣是指债权人为鼓励债务人在规定的期限内早日付款，而向债务人提供的债务扣除

C. 在存在商业折扣的情况下，企业应收账款的入账价值应按扣除商业折扣后的净额确认

D. 在存在现金折扣的情况下，我国目前的会计实务中，所采用的是总价法核算

3. 下列各项中，应列入资产负债表“应收账款”项目的有（　　）。

A. 预付职工差旅费　　B. 代购货单位垫付的运杂费

C. 销售产品应收取的款项　　D. 对外提供劳务应收取的款项

三、判断题

1. 应收账款附有现金折扣条款的，应按照扣除现金折扣前的应收账款总额入账。（　　）

2. 销货企业为了鼓励客户提前付款，发生的现金折扣应冲减销售费用。（　　）

3. 对商业折扣和现金折扣，我国企业都可以采用总价法或净价法进行核算。（　　）

4. “应收账款”账户期末余额一定在借方，反映企业尚未收回的应收账款。（　　）

四、应用能力训练

【实训目的】练习应收账款业务的操作。

【实训资料】

2018 年 5 月 15 日，甲公司向丙公司销售一批商品，增值税专用发票注明价款 300 000 元，增值税税率 16%。由于是成批销售，甲公司给予丙公司 10% 的商业折扣，合同约定现金折扣条件为 2/10，1/20，n/30。假设计算现金折扣不考虑增值税，甲公司对应收账款采用总价法核算。

【实训要求】根据上述资料，编制下列经济业务的会计分录：

（1）5 月 15 日销售实现时；

（2）5 月 20 日收到款项时；

（3）5 月 31 日收到款项时；

（4）6 月 15 日收到款项时。

任务三　记录与管理预付账款

一、单项选择题

1. 预付款项不多的企业，可以不设“预付账款”科目，而将预付的款项记入（　　）。

A. “应收账款”科目的借方　　B. “应收账款”科目的贷方

C. “应付账款”科目的借方　　D. “应付账款”科目的贷方

二、多项选择题

1. 企业的预付账款可以通过（　　）科目进行核算。

A. 预付账款　　B. 应付账款

C. 其他应收款　　D. 其他应付款

2. 企业预付货款采购物资，下列业务中，应当借记“预付账款”科目的有（　　）。

A. 补付预付不足的货款　　B. 收回多付的货款

C. 向供应单位预付款项　　D. 收到所购物资确认物资成本

三、判断题

1. “预付账款”账户期末余额在借方，反映企业实际预付的款项；期末余额在贷方，则反映企业应付或应补付的款项。（　　）

四、真账实操演练

任务四　记录与管理其他应收款

一、单项选择题

1. 下列各项中，企业不通过“其他应收款”科目核算的是（　　）。

A. 为购货方代垫的运费　　B. 应收保险公司的各项赔款

C. 为职工代垫的房租　　D. 存出保证金

2. 企业代扣职工房租和代垫职工家属医药费，应通过（　　）科目核算。

A. 应收账款　　B. 其他应收款

C. 其他应付款　　D. 应付账款

3. 企业签发转账支票，支付临时租入固定资产的押金 2 000 元，会计分录应为（　　）。

A. 借：管理费用　2 000
　　贷：银行存款　2 000

B. 借：其他应收款　2 000
　　贷：银行存款　2 000

C. 借：预付账款　2 000
　　贷：银行存款　2 000

D. 借：应收账款　2 000
　　贷：银行存款　2 000

4. 下列各项中，企业应通过“其他应收款”科目核算的是（　　）。

A. 出租包装物收取的押金　　B. 为职工垫付的水电费

C. 代购货方垫付的销售商品运费　　D. 销售商品未收到的货款

5. 下列各项中，应计入资产负债表“其他应收款”项目的是（　　）。

A. 应付租入包装物的租金　　B. 销售商品时应收取的包装物租金

C. 应付经营租赁固定资产的租金　　D. 无力支付到期的银行承兑汇票

二、多项选择题

1. 下列各项中，应通过“其他应收款”科目核算的内容是（　　）。

A. 应收保险公司的赔款　　B. 代购货单位垫付的运杂费

C. 应收出租包装物的租金　　D. 应向职工收取的各种垫支款

2. 下列属于“其他应收款”的有（　　）。

A. 应向责任人收取现金赔偿　　B. 为职工垫付的款项

C. 为客户垫付的运费　　D. 应收保险公司赔款

3. “其他应收款”核算内容包括（　　）。

A. 代员工垫付的住房租金　　B. 应收出租包装物租金

C. 应收保险公司赔款　　D. 存出投资款

三、判断题

1. 企业租入包装物支付的押金应计入其他业务成本。（　　）

2. “其他应收款”包括应向职工收取的各种垫付款项、存出保证金、应收的各种赔款和罚款。（　　）

四、应用能力训练

【实训目的】 练习其他应收款业务的操作。

【实训资料】

1. 2018 年 8 月 3 日，江苏天润机械有限公司的采购员王华因公出差，预借差旅费 2 000，以现金支付。8 月 10 日，王华出差回来报销差旅费 1 840 元，退回多余现金 160 元。

2. 2018 年 8 月 11 日，江苏天润机械有限公司向丁公司租入包装物一批，以银行存款向丁公司支付押金 12 000 元。8 月 21 日，天润机械有限公司按期如数向丁公司退回所租包装物，并收到丁公司退还的押金 12 000 元存入银行。

【实训要求】 根据以上资料，编制相关会计分录。

任务五　确认与记录坏账损失

一、单项选择题

1. 企业发生坏账损失时，应借记（　　）科目。

A. 应收账款　　B. 坏账准备

C. 资产减值损失　　D. 营业外支出

2. 某企业期初坏账准备账面余额为 20 万元，本期收回前期已核销的坏账 5 万元，期末坏账准备账面余额为 30 万元，本期应计提坏账准备为（　　）万元。

A. 203　　B. 15

C. 5　　D. 30

3. 2018 年 12 月 31 日，某企业“应收账款”账面余额为 1 200 万元，预计未来现金流量现值为 600 万元；计提坏账准备前，企业“坏账准备”科目贷方余额为 350 万元，不考虑其他因素，当日该企业应计提的坏账准备为（　　）万元。

A. 250　　B. 600

C. 350　　D. 1 200

4. 企业已计提坏账准备的应收账款确实无法收回，按管理权限报经批准作为坏账转销时，应编制的会计分录是（　　）。

A. 借记“资产减值损失”科目，贷记“坏账准备”科目

B. 借记“管理费用”科目，贷记“应收账款”科目

C. 借记“坏账准备”科目，贷记“应收账款”科目

D. 借记“坏账准备”科目，贷记“资产减值损失”科目

5. 2018 年 12 月初，某企业“坏账准备”科目贷方余额为 6 万元。12 月 31 日“应收账款”科目借方余额为 100 万元，经减值测试，该企业应收账款预计未来现金流量现值为 95 万元。该企业 2018 年末应计提的坏账准备金额为（　　）万元。

A. −1　　B. 1

C. 5　　D. 11

6. 2018 年 12 月 1 日，某公司“坏账准备——应收账款”科目贷方余额为 1 万元。12 月 16 日，收回已作坏账转销的应收账款 1 万元。12 月 31 日，“应收账”款账面金额为 120 万元，经减值测试，应收账款的预计未来现金流量现值为 108 万元，不考虑其他因素，12 月 31 日该公司应计提的坏账准备金额为（　　）万元。

A. 13　　B. 12

C. 10　　D. 11

二、多项选择题

1. 下列各项中，应在“坏账准备”借方登记的有（　　）。

A. 冲减已计提的减值准备　　B. 收回前期已核销的应收账款

C. 核销实际发生的坏账损失　　D. 计提坏账准备

2. 下列事项中，可以确认为坏账的有（　　）。

A. 债务人死亡，以其遗产清偿后仍然无法收回的应收款项

B. 债务人破产，以其破产财产清偿后仍然无法收回的应收款项

C. 应收款项已逾期 3 年以上，并有足够的证据表明无法收回

D. 已逾期但无确凿证据证明不能收回的应收款项

三、判断题

1. 资产负债表日，应收账款的账面价值低于预计未来现金流量现值的，应计提坏账准备。（　　）

2. 企业在确定应收款项减值的核算方法时，应根据本企业实际情况，按照成本效益原则，在备抵法和直接转销法之间合理选择。（　　）

3. 企业应收及预付款项的坏账损失应当于实际发生时计入营业外支出，同时冲减应收及预付款项。（　　）

四、应用能力训练

【实训一】

【实训目的】 练习应收账款及坏账损失业务的操作。

【实训资料】

宏达公司应收账款及坏账损失业务资料如下：

（1）2017 年“坏账准备”账户期初贷方余额为 300 元，年末应收账款余额 700 000 元，估计坏账损失率为 3‰；

（2）2018 年 7 月发生坏账损失 2 700 元，年末应收账款余额为 720 000 元，估计坏账损失率为 3‰；

（3）2019 年 1 月，收回以前确认并转销的坏账损失 1 800 元，年末应收账款余额为 750 000 元，估计坏账损失率为 3‰。

【实训要求】 根据上述资料，编制下列经济业务的会计分录：

（1）编制 2017 年末计提坏账准备的会计分录；

（2）编制 2018 年 7 月发生坏账损失时的会计分录；

（3）编制 2018 年末计提坏账准备的会计分录；

（4）编制 2019 年 1 月收回以前确认并转销的坏账损失的会计分录；

（5）编制 2019 年末计提坏账准备的会计分录。

【实训二】

【实训目的】 练习应收账款及坏账损失业务的操作。

【实训资料】

甲企业为增值税一般纳税人，适用增值税税率为 16%。2018 年 12 月初，该企业“应收账款”科目借方余额为 500 万元，“坏账准备”科目贷方余额为 25 万元。企业通过对应收款项的信用风险特征进行分析，确定计提坏账准备的比例为期末应收账款余额的 5%。2018 年 12 月，该企业发生相关经济业务如下：

（1）5 日，向乙企业赊销商品一批，按商品价目表标明的价格计算的金额为 1 000 万元（不含增值税），产品已发出。由于是成批销售，甲企业给予乙企业 10% 的商业折扣。

（2）9 日，一客户破产，根据清算程序，有应收账款 40 万元不能收回，确认为坏账。

（3）11 日，收到乙企业前欠货款 500 万元，存入银行。

（4）21 日，收回上年度已作坏账转销的丁企业应收账款 10 万元，款项已存入银行。

（5）31 日，向丙企业销售商品一批，开具增值税专用发票注明的价款 100 万元，增值税税额为 16 万元。销售合同规定的现金折扣条件为 2/10、1/20、N/30，计算现金折扣不考虑增值税，款项尚未收到。

【实训要求】

（1）根据以上资料，编制相关会计分录（答案金额以“万元”为单位）。

（2）计算甲企业本期应计提的坏账准备，并编制会计分录（答案金额以“万元”为单位）。

项目五 *Project 5*

记录存货增减余　把握存货收发存

任务一　存货确认条件与计量方式的认知

一、单项选择题

1. 甲企业为增值税一般纳税人，适用增值税税率 16%。购入原材料一批，增值税专用发票注明价款 50 万元，增值税 8 万元，支付装卸费 0.3 万元，入库前挑选整理费 0.2 万元，运费 0.1 万元，不考虑装卸费、挑选整理费、运费的增值税因素，该材料的入账价值是（　　）万元。

A. 56　　B. 59
C. 50.4　　D. 50.6

2. 下列各项中，不计入存货采购成本的是（　　）。

A. 采购过程中支付的运输费用　　B. 支付的进口关税
C. 入库后的仓储费　　D. 入库前整理挑选费

3. 小规模纳税人购买原材料一批，增值税专用发票上注明价款为 100 万元，增值税额为 16 万元，另支付保险费 1 万元，则该原材料的入账成本为（　　）万元。

A. 117　　B. 118
C. 101　　D. 100

4. 某企业为增值税小规模纳税人，本月购入甲材料 2 060 公斤，每公斤单价（含增值税）50 元，另支付运费 3 500 元，运输途中发生合理损耗 60 公斤，入库前发生挑选整理费用 620 元。该批材料入库的实际单位成本为每公斤（　　）元。

A. 50　　B. 51.81
C. 52　　D. 53.56

5. 下列各种物资中，不应作为企业存货核算的是（　　）。

A. 在产品　　B. 低值易耗品
C. 包装物　　D. 工程物资

二、多项选择题

1. 下列各项中，属于材料采购成本的有（　　）。

A. 材料采购运输途中发生的合理损耗　B. 材料入库前的挑选整理费用

C. 购买材料的价款　D. 购入材料的运杂费

2. 下列税金中，应计入存货成本的有（　　）。

A. 一般纳税人的进口关税　B. 一般纳税人的进口消费税

C. 一般纳税人的增值税　D. 小规模纳税人的增值税

3. 下列各种物资中，应作为企业存货核算的是（　　）。

A. 在产品　B. 周转材料

C. 在途物资　D. 委托加工物资

三、判断题

1. 增值税小规模纳税人购进货物支付的增值税直接计入有关货物的成本。（　　）

2. 企业接受的投资者投入的商品，应按照该商品在投资方的账面价值入账。（　　）

3. 盘盈的存货应按其重置成本作为入账价值。（　　）

四、真账实操演练

任务二　按实际成本收入、发出、保管原材料

一、单项选择题

1. 某企业为增值税一般纳税人，购入材料一批，增值税专用发票上标明的价款为 25 万元，增值税为 4 万元，另支付材料的保险费 2 万元、包装物押金 2 万元。该批材料的采购成本为（　　）万元。

A. 27　　B. 29

C. 29.25　　D. 31.25

2. 某企业为增值税一般纳税人，2018 年 7 月购入 A 材料 1 000 公斤，增值税专用发票上注明价款 30 000 元，增值税 4 800 元，该批材料在运输途中发生 1% 的合理损耗，实际验收入库 990 公斤，入库前发生挑选整理费用 300 元。该批入库 A 材料的实际总成本为（　　）元。

A. 29 700　　B. 29 997

C. 30 300　　D. 35 400

3. 某企业采用先进先出法计算发出甲材料的成本。2018 年 6 月 1 日，结存甲材料 500 千克，每千克实际成本 120 元；6 月 10 日购入甲材料 400 千克，每千克实际成本 130 元；6 月 15 日发出甲材料 700 千克。6 月末，该企业库存甲材料的实际成本为（　　）元。

A. 26 000　　B. 24 000

C. 28 000　　D. 25 000

4. 企业在材料收入的核算中，需在月末暂估入账并于下月初红字冲回的是（　　）。

A. 月末购货发票未到，但已入库的材料

B. 月末购货发票已到，货款未付但已入库的材料

C. 月末购货发票已到，货款已付且已入库的材料

D. 月末购货发票已到，货款已付但未入库的材料

5. 下列各种存货发出的计价方法中，不利于存货成本日常管理与控制的方法是（　　）。

A. 先进先出法　　B. 移动加权平均法

C. 月末一次加权平均法　　D. 个别计价法

6. 甲企业采用移动加权平均法计算发出甲材料的成本，2019 年 4 月 1 日，甲材料结存 300 千克，每千克实际成本为 3 元；4 月 3 日，发出甲材料 100 千克；4 月 12 日，购入甲材料 200 千克，每千克实际成本 10 元；4 月 27 日，发出甲材料 350 千克，4 月末该企业甲材料的期末结存成本为（　　）元。

A. 450　　B. 440

C. 500　　D. 325

7. 某企业采用月末一次加权平均法计算发出材料成本。2018 年 3 月 1 日结存甲材料 200 件，单位成本 40 元；3 月 15 日购入甲材料 400 件，单位成本 35 元；3 月 20 日购入甲材料 400 件，单位成本 38 元；当月共发出甲材料 500 件。3 月发出甲材料的成本为（　　）元。

A. 18 500　　B. 18 600

C. 19 000　　D. 20 000

二、多项选择题

1. 下列项目中，应计入材料采购成本的有（　　）。

A. 制造费用　　B. 进口关税

C. 运输途中的合理损耗　　D. 一般纳税人购入材料支付的可以抵扣的增

值税

2. 下列各项中，企业可以采用的发出存货成本计价方法有（　　）。

A. 先进先出法　　B. 移动加权平均法

C. 个别计价法　　D. 成本与可变现净值孰低法

3. 实际成本法下记录原材料业务的科目有（　　）。

A. 原材料　　B. 材料采购

C. 在途物资　　D. 材料成本差异

4. 下列各项与存货相关的费用中，应计入存货成本的有（　　）。

A. 材料采购过程中发生的保险费

B. 材料入库前发生的挑选整理费

C. 在生产过程中为达到下一个生产阶段所必需的仓储费用

D. 运输途中非正常损耗的材料

三、判断题

1. 购入材料在运输途中发生的合理损耗无须单独进行账务处理。（　　）

2. 一般纳税企业购进原材料时，支付的运输费用及其对应的增值税税额都应计入购进材料的采购成本中。（　　）

3. 采用移动加权平均法计算发出存货成本，不能在月度内随时结转发出存货的成本。（　　）

4. 企业采用先进先出法发出存货，在物价持续上涨时，期末材料成本接近于市价，而发出材料成本偏低，会高估企业当期利润和库存存货价值。（　　）

四、应用能力训练

【实训目的】掌握实际成本法下原材料的收发核算。

【实训资料】

甲企业为增值税一般纳税人，增值税税率为16%。原材料采用实际成本法核算，原材料发出采用月末一次加权平均法计价，运输费不考虑增值税。2018年5月，与A材料相关资料如下：

（1）1日，“原材料——A材料”科目余额20 000元（共2 000公斤，其中含4月末已验收入库但因发票未到而以2 000元暂估入账的A材料200公斤）。

（2）5日，收到4月末以暂估价入库A材料的发票，货款1 800元，增值税288元，对方代垫运输费400元，全部款项已用转账支票付讫。

（3）8日，以汇兑结算方式购入A材料3 000公斤，发票账单已收到，货款36 000元，增值税5 760元，运输费用1 000元。材料尚未到达，开出一张银行承兑汇票支付价税款。

（4）11日，收到8日采购的A材料，验收时发现只有2 950公斤。经检查，短缺的50公斤确定为运输途中合理损耗，材料验收入库。

（5）18日，持汇票80 000元购入A材料5 000公斤，增值税专用发票上注明货款为

49 500 元，增值税额为 7 920 元，另支付运输费用 2 000 元。材料已验收入库，剩余票款退回并存入银行。

（6）21 日，基本生产车间自制 A 材料 50 公斤验收入库，总成本为 600 元。

（7）31 日，根据“发料凭证汇总表”的记录，5 月基本生产车间为生产产品领用 A 材料 6 000 公斤，车间管理部门领用 A 材料 1 000 公斤，企业管理部门领用 A 材料 100 公斤。

【实训要求】

（1）根据资料（1）~（6），编制甲企业 5 月份与 A 材料相关的会计分录。

（2）计算甲企业 5 月份发出 A 材料的单位成本。

（3）根据资料（7），编制甲企业领用 A 材料的会计分录。

任务三　按计划成本收入、发出、保管原材料

一、单项选择题

1. 下列各项中，关于“材料成本差异”科目的表述正确的是（　　）。

A. 期初贷方余额反映库存材料的超支差异

B. 期末余额应在资产负债表中单独列示

C. 期末贷方余额反映库存材料的节约差异

D. 借方登记入库材料的节约差异

2. 某企业材料采用计划成本核算，月初材料计划成本为 30 万元，材料成本差异为节约 2 万元；当月购入材料的实际成本为 110 万元，计划成本为 120 万元；当月领用材料的计划成本为 100 万元，月末该企业结存材料的实际成本为（　　）万元。

A. 48　　　　B. 46

C. 50　　　　D. 54

3. 某企业材料采用计划成本核算，月初库存材料计划成本 35 万元，材料成本差异超支 2 万元，本月购入材料实际成本 65 万元，计划成本 70 万元，本月发出材料计划成本 90 万元，则期末结存材料成本差异为（　　）万元。

A. 0.7　　　　B. 0.3

C. −0.43　　　　D. −0.3

4. 计划成本法下，企业材料已收到并验收入库，但发票账单尚未收到，月份终了，应按（　　）暂估入账。

A. 计划价格　　　　B. 估计价格

C. 发票价格　　　　D. 出厂价格

5. 材料按计划成本计价核算的企业，下列项目中，应记入“材料采购”科目贷方的是（　　）。

A. 材料的买价　　B. 采购材料的运杂费

C. 结转采购入库材料的超支差异　　D. 结转采购入库材料的节约差异

6. 某企业原材料采用计划成本核算，甲材料计划成本每千克为 15 元。本月购进甲材料 9 000 千克，取得的增值税专用发票上注明的价款为 150 000 元，增值税税额为 24 000 元。原材料已经验收入库，则购进甲材料发生的成本超支差异为（　　）元。

A. 25 500　　B. 40 500

C. 15 000　　D. 20 000

二、多项选择题

1. 某企业原材料采用计划成本法核算，下列各项中，该企业应在“材料成本差异”科目借方登记的有（　　）。

A. 购进材料实际成本小于计划成本的差额

B. 发出材料应负担的实际成本大于计划成本的差额

C. 发出材料应负担的实际成本小于计划成本的差额

D. 购进材料实际成本大于计划成本的差额

2. 某企业原材料采用计划成本法核算，下列各项中，该企业应在“材料成本差异”科目贷方登记的有（　　）。

A. 入库原材料的成本超支差异　　B. 发出原材料应负担的成本超支差异

C. 入库原材料的成本节约差异　　D. 发出原材料应负担的成本节约差异

3. 计划成本法下记录原材料业务的科目有（　　）。

A. 原材料　　B. 材料采购

C. 在途物资　　D. 材料成本差异

三、判断题

1. 在计划成本法下，购入的材料无论是否验收入库，都要先通过“材料采购”科目进行核算。（　　）

2. 计划成本法下，原材料已入库并收到单据，其计划成本可以不通过“材料采购”科目核算，直接计入“原材料”科目。（　　）

3. 企业采用计划成本核算原材料，平时收到原材料时应按实际成本借记“原材料”科目，领用或发出原材料时应按计划成本贷记“原材料”科目，期末再将发出材料和库存材料的计划成本调整为实际成本。（　　）

4. 采用计划成本进行核算的企业，月末分摊材料成本差异时，节约差异记入“材料成本差异”贷方，超支则相反。（　　）

5. 在计划成本法下，企业已支付货款，但尚在运输中或尚未验收入库的材料，应通过“在途物资”科目核算。（　　）

6. 无论企业对存货采用实际成本核算，还是采用计划成本核算，在编制资产负债表时，资产负债表上的存货项目反映的都是存货的实际成本。（　　）

四、应用能力训练

【实训一】

【实训目的】掌握计划成本法下原材料的收发核算。

【实训资料】

某工业企业为增值税一般纳税人，材料按计划成本计价核算。甲材料计划单位成本为每公斤 10 元，“原材料”账户月初借方余额 40 000 元，“材料成本差异”账户月初贷方余额 500 元，“材料采购”账户月初借方余额 10 600 元（上述账户核算的均为甲材料）。该企业 2018 年 6 月份有关经济业务如下：

（1）7 日，企业上月已付款的甲材料 1 000 公斤如数收到，验收入库。

（2）22 日，从外地 A 公司购入甲材料 6 000 公斤，增值税专用发票上注明的材料价款为 59 000 元，增值税额 9 440 元，材料尚未到达，企业开出转账支票支付价税款。

（3）25 日，从 A 公司购入的甲材料到达，验收入库时发现短缺 40 公斤，经查为途中定额内自然损耗，按实收数量验收入库。

（4）30 日，汇总本月发料凭证，本月共发出甲材料 7 000 公斤，全部用于产品生产。

【实训要求】

（1）根据资料（1）~（3），编制相关会计分录。

（2）计算发出材料应分摊的材料成本差异。

（3）根据资料（4），编制相关会计分录。

五、真账实操演练

任务四　收入、发出、保管周转材料

一、单项选择题

1. 随同商品出售而不单独计价的包装物，应按其实际成本记入的会计科目是（　　）。

A. 管理费用 B. 其他业务成本

C. 营业外支出 D. 销售费用

2. 2018 年 7 月 10 日，某企业销售商品领用不单独计价包装物的计划成本为 60 000 元，材料成本差异率为 -5%，下列各项中，关于该包装物会计处理正确的是（　　）。

A. 借：销售费用　　63 000
　　贷：周转材料——包装物　　60 000
　　　　材料成本差异　　3 000

B. 借：销售费用　　57 000
　　材料成本差异　　3 000
　　贷：周转材料——包装物　　60 000

C. 借：其他业务成本　　63 000
　　贷：周转材料——包装物　　60 000
　　　　材料成本差异　　3 000

D. 借：其他业务成本　　57 000
　　材料成本差异　　3 000
　　贷：周转材料——包装物　　60 000

3. 随同产品出售单独计价的包装物，出售收入应记入（　　）账户。

A. 主营业务收入 B. 其他业务收入

C. 营业外收入 D. 投资收益

4. 随同商品出售且单独计价的包装物，应按其实际成本记入的会计科目是（　　）。

A. 管理费用 B. 其他业务成本

C. 营业外支出 D. 销售费用

5. 对于金额较高，可供多次反复使用的低值易耗品，也可以采用（　　）进行摊销。

A. 一次摊销法 B. 分次摊销法

C. 总价法 D. 计划成本法

二、多项选择题

1. 下列各项中，关于周转材料会计处理表述正确的有（　　）。

A. 多次使用的包装物应根据使用次数分次进行摊销

B. 随同商品销售出借的包装物的摊销额应计入管理费用

C. 低值易耗品金额较小的可在领用时一次计入成本费用

D. 随同商品出售单独计价的包装物，取得的收入记入“其他业务收入”

2. 下列各项中，关于发出包装物的会计处理表述正确的有（　　）。

A. 生产领用作为产品组成部分的包装物成本直接记入“生产成本”科目

B. 随同商品销售单独计价包装成本记入“其他业务成本”科目

C. 生产车间一般耗用包装物摊销额记入“制造费用”科目

D. 随同商品销售不单独计价包装物成本记入“销售费用”科目

3. 下列资产中，属于周转材料的有（　　）。

A. 固定资产　　　　　　　　　　　　B. 包装物

C. 低值易耗品　　　　　　　　　　　D. 原材料

4. 下列应计入“销售费用”的有（　　）。

A. 支付的广告费　　　　　　　　　　B. 随同产品出售不单独计价的包装物的成本

C. 出借包装物的成本　　　　　　　　D. 随同产品出售单独计价的包装物的成本

5. 低值易耗品的摊销方法包括（　　）。

A. 一次摊销法　　　　　　　　　　　B. 分次摊销法

C. 成本与可变现净值孰低法　　　　　D. 备抵法

三、判断题

1. 对于随同商品出售而不单独计价的包装物，企业应按实际成本计入销售费用。（　　）

2. 企业出租包装物收取的押金，应计入“其他应收款”。（　　）

3. 一次摊销法下，企业领用低值易耗品时，按其实际成本一次计入成本费用，借记“制造费用”“管理费用”等科目，贷记“周转材料——低值易耗品”科目。（　　）

四、应用能力训练

【实训一】

【实训目的】练习包装物业务的操作。

【实训资料】

甲公司为增值税一般纳税人，对包装物采用实际成本核算。2018 年 9 月 16 日销售产品一批，取得不含税收入 100 万元，增值税销项税额 16 万元，上述款项收到并存入银行。包装物随产品出售不单独计价，其中产品实际成本 60 万元，包装物成本 5 万元。

【实训要求】根据上述资料，编制相关会计分录（答案金额以“万元”为单位）：

（1）销售商品取得收入时；

（2）结转产品销售成本、包装物成本；

（3）假设上例包装物随产品出售单独计价，其中产品售价 90 万元，包装物售价 10 万元。

【实训二】

【实训目的】练习低值易耗品分次摊销法业务的操作。

【实训资料】

甲公司对低值易耗品采用计划成本核算，采用分次摊销法进行摊销。2018 年 12 月基本生产车间领用专用工具一批，实际成本为 101 000 元，计划成本为 100 000 元。该专用工具估计使用次数为 2 次，材料成本差异率为 1%。

【实训要求】根据上述资料，编制相关会计分录：

（1）领用时：

①先将其“在库”低值易耗品的全部价值转为“在用”低值易耗品；
②摊销其价值的50%；
③结转材料成本差异。
（2）报废时：
①摊销其价值的50%；
②结转材料成本差异；
③转销其全部摊销额。

五、真账实操演练

任务五　发出、回收、保管委托加工物资

一、单项选择题

1. 甲公司为增值税一般纳税人，委托乙公司加工一批应税消费品，收回后直接对外出售。甲公司支付加工费100万元，增值税16万元，并取得乙公司开具的增值税专用发票。另付乙公司代扣代缴消费税15万元。下列各项中，甲公司支付加工费和相关税费会计处理正确的是（　　）（金额单位为万元）。

A. 借：委托加工物资　131
　　贷：银行存款　131

B. 借：委托加工物资　100
　　应交税费——应交增值税（进项税额）　16
　　　　　　——应交消费税　15
　　贷：银行存款　131

C. 借：委托加工物资　115
　　应交税费——应交增值税（进项税额）　16
　　贷：银行存款　131

D. 借：委托加工物资　116

应交税费——应交消费税　　15

贷：银行存款　　131

2. 2018年6月20日，甲公司委托某量具厂加工一批量具，发出材料的计划成本为80 000元，材料成本差异率为5%，以银行存款支付运杂费2 000元，6月25日以银行存款支付上述量具的加工费用20 000元，6月30日收回委托加工的量具，并以银行存款支付运杂费3 000元，假定不考虑其他因素，甲公司收回该批量具的实际成本是（　　）元。

A. 102 000　　B. 105 000

C. 103 000　　D. 109 000

3. 下列税金中，不应计入存货成本的有（　　）。

A. 由受托方代扣代缴的委托加工后直接用于对外销售的商品负担的消费税

B. 一般纳税企业进口原材料交纳的进口关税

C. 小规模纳税企业购进货物应交纳的增值税

D. 由受托方代扣代缴的委托加工后继续用于生产应纳消费税的商品负担的消费税

二、多项选择题

1. 下列各项中，构成企业委托加工物资成本的有（　　）。

A. 加工中实际耗用物资的成本

B. 支付的加工费用和保险费

C. 收回后直接销售物资的代收代缴消费税

D. 收回后继续加工物资的代收代缴消费税

2. 甲企业委托乙企业加工一批物资，支出原材料的实际成本为100万元，支付运杂费3万元，加工费2万元（均不考虑增值税）。乙企业代收代缴消费税8万元，该物资收回后用于连续生产应税消费品。不考虑其他税费，下列各项中，关于甲企业委托加工物资会计处理结果表述正确的是（　　）。

A. 支付的运杂费3万元应计入委托加工物资成本

B. 乙企业代收代缴的消费税8万元应计入委托加工物资成本

C. 乙企业代收代缴的消费税8万元应借记“应交税费——应交消费税”科目

D. 委托加工物资成本总额为105万元

3. 增值税一般纳税企业委托加工的应税消费品收回后直接销售，下列各项中，应该计入应税消费品成本的有（　　）。

A. 支付加工费应缴纳的增值税　　B. 加工方代收代缴的消费税

C. 支付的加工费　　D. 发出的委托加工原材料成本

三、判断题

1. 委托加工应税消费品收回后直接用于出售的，委托方代扣代缴的消费税应计入“应交税费——应交消费税”科目。（　　）

2. 委托加工的物资收回后用于连续生产的，应将受托方代收代缴的消费税计入委托加

工物资的成本。 （　　）

四、应用能力训练

【实训目的】练习委托加工物资业务的操作。

【实训资料】

2018 年 12 月，增值税一般纳税人甲公司委托乙公司将 A 材料加工成商品（属于应税消费品）。1 日，发出材料实际成本 300 万元；28 日，以银行存款支付加工费 50 万元，增值税进项税额 8 万元，支付消费税 20 万元；30 日，加工完成的商品验收入库。

【实训要求】分别做出甲公司收回加工商品继续生产应税消费品和直接用于出售两种情况下的会计分录（答案金额以“万元”为单位）

任务六　入库、发出、保管库存商品

一、单项选择题

1. 某商品流通企业采用毛利率法核算库存商品。2018 年 7 月 1 日，家电类库存商品余额为 360 万元，7 月份购进商品 400 万元，销售商品取得不含增值税收入 580 万元，上季度该类商品毛利率为 20%。不考虑其他因素，7 月 31 日该企业家电类库存商品成本为（　　）万元。

A. 608　　B. 464

C. 296　　D. 180

2. 下列各项中，不属于库存商品的是（　　）。

A. 接受外来材料的代制品　　B. 寄存在外销售的商品

C. 为外单位加工代修品　　D. 已完成销售手续客户未领取的商品

3. 某企业库存商品采用售价金额法核算，2018 年 5 月初库存商品售价总额为 14.4 万元，进销差价率为 15%，本月购入库存商品进价成本总额为 18 万元，售价总额为 21.6 万元，本月销售商品收入为 20 万元，该企业本月销售商品的实际成本为（　　）万元。

A. 20　　B. 16.8

C. 17　　D. 16

4. 企业结转已销售商品成本时，应借记（　　）科目。

A. 主营业务成本　　B. 其他业务成本

C. 生产成本　　D. 库存商品

二、多项选择题

【实训目的】练习库存商品业务的操作。

【实训资料】

1. 甲公司“商品入库汇总表”记载，某月已验收入库 M 产品 1 000 台，实际单位成本 500 元，共计 500 000 元；N 产品 2 000 台，实际单位成本 700 元，共计 1 400 000 元。

2. 甲公司月末汇总的发出商品中，当月已实现销售的 M 产品有 500 台，N 产品 1 500 台。该月 M 产品实际单位成本为 500 元，N 产品实际单位成本为 700 元。

【实训要求】根据上述资料，编制相关会计分录。

任务七　确认、记录存货清查与期末计价

一、单项选择题

1. 下列各项中，关于企业原材料盘亏及毁损的会计处理表述正确的是（　　）。

A. 保管员过失造成的损失，计入管理费用

B. 因台风造成的净损失，计入营业外支出

C. 应由保险公司赔偿的部分，计入营业外收入

D. 经营活动造成的净损失，计入其他业务成本

2. 某企业核算批准后的存货毁损净损失，下列各项中，计入管理费用的是（　　）。

A. 由自然灾害造成的损失　　B. 应由保险机构赔偿的损失

C. 应由责任人赔偿的损失　　D. 管理不善造成的损失

3. 某企业原材料采用实际成本核算。2018 年 6 月 29 日该企业对存货进行全面清查。发现短缺原材料一批，账面成本 1 2000 元，已计提货跌价准备 2 000 元。经确认，应由保险公司赔款 4 000 元，由过失人员赔款 3 000 元，假定不考虑其他因素，该项存货清查业务应确认的净损失为（　　）元。

A. 3 000　　B. 5 000

C. 6 000　　D. 8 000

4. 某企业 2018 年 12 月 31 日原材料余额 20 万，已计提存货跌价准备 4 万，由于市价上升，预计可变现净值 19 万，年末应转回存货跌价准备金额（　　）万元。

A. 4　　B. 1

C. 3　　D. 5

5. 某企业 2018 年 3 月 31 日，乙存货的实际成本为 100 万元，加工该存货至完工产成品

估计还将发生成本 20 万元，估计销售费用和相关税费为 2 万元，估计用该存货生产的产成品售价为 110 万元。假定乙存货月初“存货跌价准备”科目余额为 0，2018 年 3 月 31 日应计提的存货跌价准备为（　　）万元。

A. -10　　　　B. 0

C. 10　　　　D. 12

二、多项选择题

1. 下列各项中，计算存货可变现净值应涉及的项目有（　　）。

A. 估计的存货售价　　　　B. 估计的销售费用

C. 至完工时估计发生的成本　　　　D. 估计的相关税费

2. 下列各项中，企业盘亏的库存商品按惯例报经批准后，正确的会计处理有（　　）。

A. 应由保险公司和过失人承担的赔款，记入“其他应收款”科目

B. 入库的残料价值，记入“原材料”科目

C. 盘亏库存商品净损失中，属于一般经营损失的部分，记入“管理费用”科目

D. 盘亏库存商品净损失中，属于非常损失的部分，记入“营业外支出”科目

3. 下列与存货相关的会计处理的表述中，正确的有（　　）。

A. 应收保险公司存货损失赔偿款计入“其他应收款”科目

B. 资产负债表日存货应按成本与可变现净值孰低计量

C. 按管理权限报经批准的盘盈存货价值冲减管理费用

D. 结转商品销售成本的同时转销其已计提的存货跌价准备

三、判断题

1. 企业因收发计量错误发生的原材料盘盈，按管理权限报经批准后，应将盘盈金额冲减管理费用。（　　）

2. 企业发生存货盘盈时记入“营业外收入”科目。（　　）

3. 股份有限公司在财产清查时发现的存货盘亏、盘盈，应当于年末结账前处理完毕，如果确实尚未报经批准的，可先保留在“待处理财产损溢”科目中，待批准后再处理。（　　）

4. 资产负债表日，当存货成本低于可变现净值时，存货按成本计价，当可变现净值低于成本时，存货按可变现净值计价。（　　）

5. 企业期末存货成本低于可变现净值时，无须进行账务处理。（　　）

四、应用能力训练

【实训一】

【实训目的】练习存货清查业务的操作。

【实训资料】

江苏天润机械有限公司 2018 年 6 月末对原材料进行清查，清查结果如下所示：

表 5－1　　实存账存对比表

单位名称：江苏天润机械有限公司　　2018 年 6 月 30 日

编号	名称类别	计量单位	单价	实存		账存		对比结果				备注
								盘盈		盘亏		
				数量	金额	数量	金额	数量	金额	数量	金额	
101#	甲材料	千克	5.50	3 100	17 050	3000	16 500	100	550			
102#	乙材料	千克	3.60	1 800	6 480	2 000	7 200			200	720	

经查，上述甲材料盘盈是因计量不准造成，报经公司经理会议批准后，做冲减管理费用处理；乙材料盘亏是由于管理不善造成的，因由保管员赔偿 500 元，其余经批准转做管理费用处理。假设不考虑其他因素。

【实训要求】 根据上述资料，编制存货清查审批前和审批后的会计分录。

【实训二】

【实训目的】 练习存货减值业务的操作。

【实训资料】

某企业存货按年进行减值测试。2018 年末存货成本为 100 万元，可变现净值为 80 万元；2019 年末该存货可变现净值为 85 万元；2020 年末该存货可变现净值为 102 万元。

【实训要求】 根据上述资料，编制相关会计分录。

项目六 Project 6

记录投资资产　确认投资收益

任务一　确认、记录交易性金额资产

一、单项选择题

1. 企业取得交易性金融资产所支付的价款包含已宣告但尚未发放的现金股利或已到付息期但尚未领取债券利息的，应（　　）。

A. 构成交易性金融资产的初始入账金额

B. 单独确认为应收项目

C. 确认为投资收益，计入投资收益的借方

D. 确认为投资收益，计入投资收益的贷方

2. 企业取得交易性金融资产所发生的相关交易费用应当在发生时（　　）。

A. 记入交易性金融资产的初始入账金额

B. 确认为当期损益，记入管理费用的借方

C. 确认为当期损益，记入投资收益的借方

D. 确认为当期损益，记入财务费用的借方

3. 甲公司从证券市场购入乙公司股票 20 000 股，每股买价 10 元，其中包含已宣告但尚未支付的现金股利每股 0.6 元，另支付相关交易费用 1 000 元，取得增值税专用发票注明增值税额为 60 元。甲公司将其划分为交易性金融资产，该资产的初始入账价格金额为（　　）元。

A. 189 000　　　　B. 200 000

C. 188 000　　　　D. 201 000

4. 甲公司从深圳证券交易所购入乙公司股票 20 万股，将其划分为交易性金融资产。支付款项 360 万元，其中包含已宣告但尚未发放的现金股利 10 万元，另支付相关交易费用 1 万元，取得增值税专用发票注明增值税额为 0.06 万元。甲公司记入“交易性金融资产——成本”科目的金额为（　　）万元。

A. 351　　B. 360

C. 350　　D. 361

5. 企业出售交易性金融资产时，应将原计入金融资产的公允价值变动转出，在借记“公允价值变动损益”科目同时，应贷记的会计科目是（　　）。

A. 投资收益　　B. 其他综合收益

C. 营业外收入　　D. 营业外支出

6. 2018 年 1 月 10 日，某公司出售其所持有的交易性金融资产，实际收到的价款 450 000 元存入银行。出售时该交易性金融资产的账面价值为 440 000 元，其中“交易性金融资产——成本”科目借方余额为 420 000 元，“交易性金融资产——公允价值变动”科目借方余额为 20 000 元。假定不考虑其他因素，该公司出售交易性金融资产应确认的投资收益为（　　）元。

A. 20 000　　B. 30 000

C. 10 000　　D. 450 000

7. 甲公司 2018 年 7 月 1 日购入乙公司同日发行的债券，支付价款为 2005 万元，另支付交易费用 15 万元，取得增值税专用发票注明的增值税额为 0. 9 万元。该债券面值为 2000 万元。票面年利率为 4%（票面利率等于实际利率），每半年付息一次，甲公司将其划分为交易性金融资产。甲公司 2018 年度该项交易性金融资产应确认的投资收益为（　　）万元。

A. 25　　B. 40

C. 65　　D. 80

二、多项选择题

1. “交易性金融资产”应设置的明细科目有（　　）。

A. 成本　　B. 公允价值变动

C. 投资收益　　D. 损益调整

2. 下列项目中，应计入交易性金融资产取得成本的是（　　）。

A. 支付的购买价款　　B. 支付的增值税

C. 支付的手续费　　D. 支付价款中包含的应收股利

3. 下列各项中在“交易性金融资产”科目借方登记的有（　　）。

A. 交易性金融资产的取得成本

B. 资产负债表日其公允价值高于账面余额的差额

C. 取得交易性金融资产所发生的相关交易费用

D. 资产负债表日其公允价值高于账面余额的差额

4. 以公允价值计量且变动计入当期损益的金融资产，正确的会计处理方法有（　　）。

A. 企业在持有期间取得的利息，应当确认为投资收益

B. 企业划分为以公允价值计量且变动计入当期损益的金融资产的股票、债券、基金，应当按取得时的公允价值和相关的交易费用作为初始确认金额

C. 资产负债表日，其公允价值变动计入公允价值变动损益

D. 支付的价款中包含的已宣告但尚未发放的现金股利或债券利息，应当单独确认为应

收项目

三、判断题

1. 企业出售交易性金融资产，应将实际收到的价款小于其账面余额的差额记入“公允价值变动损益”。（　）

2. 出售交易性金融资产时，应将原计入“公允价值变动损益”的公允价值变动金额转入营业外收支。（　）

四、应用能力训练

【实训一】

【实训目的】练习交易性金融资产业务的操作。

【实训资料】

2018 年 3 月至 5 月，江苏天润机械有限公司发生的交易性金融资产业务如下：

（1）3 月 1 日，向 D 证券公司划出投资款 1 000 万元，款项已通过开户行转入 D 证券公司银行账户。

（2）3 月 2 日，委托 D 证券公司购入 A 上市公司股票 100 万股，每股 8 元，另发生相关的交易费用 2 万元，取得增值税专用发票注明的增值税额为 0.12 万元，并将该股票划分为交易性金融资产。

（3）3 月 31 日，该股票在证券交易所的收盘价格为每股 7.70 元。

（4）4 月 30 日，该股票在证券交易所的收盘价格为每股 8.10 元。

（5）5 月 10 日，将所持有的该股票全部出售，所得价款 825 万元，已存入资金专户，转让金融商品增值税率 6%。

【实训要求】根据上述资料，编制相关会计分录（会计科目要求写出明细科目，答案中的金额单位用“万元”表示）。

【实训二】

【实训目的】练习交易性金融资产业务的操作。

【实训资料】

（1）2018 年 1 月 8 日，江苏天润机械有限公司从二级市场购入丙公司发行的公司债券，该笔债券于 2017 年 7 月 1 日发行，面值为 2 500 万元，票面利率为 4%，债券利息每半年支付。甲公司将其划分为交易性金融资产，支付价款为 2 620 万元（其中包含已到付息期的债券利息尚未领取的债券利息 50 万元），另支付交易费用 3 万元，取得增值税专用发票注明的增值税额为 0.18 万元。

（2）2018 年 2 月 1 日，收到 2017 年下半年的利息 50 万元。

（3）2018 年 6 月 30 日，按债券票面利率计算利息。

（4）2018 年 6 月 30 日，该笔债券的市价为 2 580 万元。

（5）2018 年 8 月 1 日，收到 2018 年上半年的利息 50 万元。

（6）2018 年 10 月 8 日，将该债券全部出售，实际收到价款 2 600 万元，已存入资金专户，转让金融商品增值税率 6%。

【实训要求】 根据上述资料，编制相关会计分录（会计科目要求写出明细科目，答案中的金额单位用“万元”表示）。

任务二　确认、记录债权投资

一、单项选择题

1. 2018 年 1 月 1 日，甲公司购入乙公司当日发行的面值为 1 100 万元的公司债券，将其划分为债权投资。支付债券款 1200.06 万元，其中含交易费用 1 万元，交易费用增值税 0.06 万元，甲公司该项投资的入账价值为（　　）万元。

A. 1 200　　B. 1 199

C. 1 100　　D. 1 101

2. 企业债权投资为一次还本、分期付息的债券，期末确认尚未收到的利息应借记的会计科目是（　　）。

A. 应收利息　　B. 债权投资——应计利息

C. 投资收益　　D. 债权投资——利息调整

3. 企业债权投资为到期一次还本付息债券的，资产负债表日确认当期应收未收的利息应记入的会计科目是（　　）。

A. 长期应收款　　B. 应收利息

C. 其他应收款　　D. 债权投资——应计利息

4. 2018 年 9 月 1 日，甲公司购入乙公司债券作为债权投资核算。该债权面值总额为 1 500 万元、票面利率为 5%、到期一次还本付息，购入债券支付价款 1 800.18 万元，其中包括交易费用 3 万元、交易费用增值税 0.18 万元。购买日，甲公司应计入“债权投资——利息调整”科目余额为（　　）万元。

A. 303　　B. 300

C. 297　　D. 1 500

5. 下列各项中，在资产负债表日计算债权投资实际利息收入（投资收益）正确的是（　　）。

A. 债权投资的面值乘以票面利率与实际利率之差

B. 债权投资的公允价值乘以实际利率

C. 债权投资的期初摊余成本乘以实际利率

D. 债权投资的公允价值乘以票面利率

二、多项选择题

1. 下列各项中，属于“债权投资”科目的明细科目有（　　）。

A. 公允价值变动　　　　B. 成本

C. 应计利息　　　　D. 利息调整

2. 下列各项中，对债权投资说法正确的有（　　）。

A. 企业管理金融资产的业务模式是以收取合同现金流量为目标

B. 该金融资产的合同条款规定，在特定日期产生的现金流量，仅为对本金和以未偿付本金金额为基础计算的利息的支付

C. 持有的目的是准备随时出售，以赚取差价

D. 期末以摊余成本计量

三、判断题

1. 债权投资是企业购入并管理以收取合同现金流量为目标，而且在特定日期收取的现金流量仅是本金和以未偿付本金金额为基础计算的利息的金融资产。（　　）

2. 折价购入债券时，支付的价款及交易费用小于债券面值的金额应记入“债权投资——利息调整”科目的借方。（　　）

3. 债权投资为分期付息，到期一次偿还本金的，期末应用“债券面值×票面利率×期限”确认“应收利息”科目金额。（　　）

四、应用能力训练

【实训一】

【实训目的】练习债权投资业务的操作。

【实训资料】

江苏天润机械有限公司2018年1月1日支付价款1 000 600元（含交易费用10 000元，交易费用专用发票注明增值税600元），购入A公司同日发行的3年期债券，债券面值总额1 250 000元，票面年利率5%，于每年年末支付本年度债券利息（即每年利息为62 500元），本金在债券到期时一次性偿还。江苏天润机械有限公司在购买债券时，预计发行方不会提前赎回。江苏天润机械有限公司根据其管理该债券的业务模式和该债券的合同现金流量特征，将该债券分类为以摊余成本计量的金融资产，该债券的实际利率为13.56%。

【实训要求】根据上述资料，编制相关会计分录（取得、持有期间、到期）。

【实训二】

【实训目的】练习债权投资业务的操作。

【实训资料】

江苏天润机械有限公司2018年1月1日用支付价款1 000 600元（含交易费用10 000

元，交易费用专用发票注明增值税600元），购入B公司同日发行的3年期债券，债券面值总额1 250 000元，票面年利率5%，债券利息及本金在债券到期时一次性偿还。江苏天润机械有限公司在购买债券时，预计发行方不会提前赎回。江苏天润机械有限公司根据其管理该债券的业务模式和该债券的合同现金流量特征，将该债券分类为以摊余成本计量的金融资产，该债券的实际利率为12.88%。

【实训要求】根据上述资料，编制相关会计分录（取得、持有期间、到期）。

任务三　确认、记录其他债权投资和其他权益工具投资

一、单项选择题

1. 2018年4月20日，甲公司从二级市场购入甲公司股票100 000股。购买价款为每股9.85元，其中包含已宣告但尚未发放的现金股利0.1元。另外，支付交易费用5 000元，交易费用增值税300元。甲公司将其划分为其他权益工具投资，该资产的入账价值为（　　）元。

A. 990 000　　B. 975 000

C. 985 000　　D. 980 000

2. 2018年7月1日，甲公司从二级市场购入乙公司债券面值1 000 000元。购买价款为1 100 000元，其中包括已到付息期尚未支付的债券利息50 000元。另外，支付交易费用20 000元，交易费用增值税1 200元。甲公司将其划分为其他债权投资，该资产的入账价值为（　　）元。

A. 1 000 000　　B. 1 100 000

C. 1 070 000　　D. 1 120 000

3. 企业其他债权投资、其他权益工具投资资产负债表日公允价值变动的金额，应记入（　　）科目。

A. 资本公积　　B. 公允价值变动损益

C. 盈余公积　　D. 其他综合收益

4. 企业的其他债权投资、其他权益工具投资在持有期间收到被投资方分来的利息或现金股利（买价中包含的除外），应确认为（　　）。

A. 公允价值变动损益　　B. 投资收益

C. 盈余公积　　D. 营业外收入

5. 企业出售其他债权投资取得的收益或产生的损失，应计入（　　）科目。

A. 投资收益　　B. 其他业务收入

C. 盈余公积　　D. 营业外收入

6. 企业出售其他权益工具投资取得的收益或产生的损失，应计入（　　）。

A. 投资收益

B. 其他业务收入

C. 留存收益

D. 营业外收入

二、多项选择题

1. 某企业从二级市场购入上市公司股票 100 000 股，划分为其他权益工具投资。购买日，该股票的公允价值为 900 000 元，另支付交易费用 2 000 元，假设不考虑其他因素。下列各项中，关于该企业取得其他权益工具投资会计处理表述正确的有（　　）。

A. 借记“其他权益工具投资”科目 900 000 元

B. 贷记“其他货币资金”科目 902 000 元

C. 借记“投资收益”科目 2000 元

D. 借记“其他权益工具投资”科目 902 000 元

2. 下列各项资产中，在资产负债表日应采用公允价值计量的有（　　）。

A. 其他权益工具投资

B. 交易性金融资产

C. 其他债权投资

D. 债权投资

3. 下列各项中，关于其他权益工具投资会计处理的表述正确的有（　　）。

A. 取得时发生的交易费用应计入其他权益工具投资入账价值

B. 资产负债表日股票公允价值升值计入其他综合收益

C. 持有期间被投资方宣告发放的现金股利计入投资收益

D. 取得时发生的交易费用计入投资收益

4. 下列各项中，关于企业其他债权投资的会计处理表述正确的有（　　）。

A. 资产负债表日公允价值变动计入资本公积

B. 取得时发生的交易费用计入初始入账成本

C. 资产负债表日按照公允价值计量

D. 出售时取得的价款与其账面余额之间的差额确认为投资收益

三、判断题

1. 如果企业管理该债券的业务模式既以收取合同现金流量为目标又以出售该债券为目标，则该债券应当分类为以公允价值计量且变动计入其他综合收益的金融资产中的其他债权投资。（　　）

2. 企业对非上市公司的投资，对被投资单位不具有控制、共同控制或重大影响的股权投资，应当划分为其他权益性投资。（　　）

3. 企业取得其他债权时发生的交易费用，不应计入其他债权的初始入账金额。（　　）

4. 企业出售其他权益性投资时，应将原计入该金融资产的公允价值变动转出，由其他综合收益转为投资收益。（　　）

5. 企业出售其他权益工具投资时，应将原计入该金融资产的公允价值变动转出，由其他综合收益转为投资收益。（　　）

四、应用能力训练

【实训一】

【实训目的】练习其他债权投资业务的操作。

【实训资料】

江苏天润机械有限公司为增值税一般纳税人，2018 年发生有关其他债权投资业务如下：

（1）2018 年 1 月 1 日用支付价款 1 000 600 元（含交易费用 10 000 元，交易费用专用发票注明增值税 600 元），购入 A 公司同日发行的 3 年期债券，债券面值总额 1 250 000 元，票面年利率 5%，于每年年末支付本年度债券利息（即每年利息为 62 500 元），本金在债券到期时一次性偿还。江苏天润机械有限公司在购买债券时，预计发行方不会提前赎回，且不需要为提前赎回支付额外款项。江苏天润机械有限公司根据其管理该债券的业务模式和该债券的合同现金流量特征，将该债券分类为以公允价值计量且变动计入其他综合收益的金融资产，该债券的实际利率为 13.56%。

（2）2018 年 12 月 31 日，A 公司债券的公允价值为 1 050 000 元（不含利息）。

（3）2019 年 1 月 20 日，通过上海证券交易所出售 A 公司债券，取得价款 1 100 000 元。

【实训要求】根据上述资料，编制相关会计分录。

【实训二】

【实训目的】练习其他权益工具投资业务的操作。

【实训资料】江苏天润机械有限公司为增值税一般纳税人，2018 年发生有关其他权益工具投资业务如下：

（1）1 月 30 日，委托证券公司购入 E 上市公司股票 500 000 股，支付价款 5 000 000 元，另支付相关交易费用 12 500 元，支付增值税 750 元，江苏天润机械有限公司将其指定为以公允价值计量且变动计入其他综合收益的非交易性权益工具投资。

（2）6 月 30 日，持有的 E 上市公司股票公允价值为 4 800 000 元。

（3）7 月 20 日，E 上市公司宣告发放现金股利，江苏天润机械有限公司可分配 50 000 元。

（4）7 月 31 日收到现金股利 50 000 元，存入投资款专户。

（5）9 月 30 日，由于江苏天润机械有限公司急需一笔资金购买固定资产，全部出售 E 上市公司股票 500 000 股，售价为 6 000 000 元，转让该金融商品应交的增值税为 56 600 元，款项已收到。

【实训要求】根据上述资料，编制相关会计分录。

任务四　确认、记录长期股权投资

一、单项选择题

1. 某企业采用成本法核算长期股权投资。长期股权投资持有期间被投资单位宣告分派现金股利时，该企业正确的会计处理是（　　）。

A. 借记“应收股利”科目，贷记“长期股权投资”科目

B. 借记“长期股权投资”科目，贷记“投资收益”科目

C. 借记“长期股权投资”科目，贷记“其他综合收益”科目

D. 借记“应收股利”科目。贷记“投资收益”科目

2. 企业采用成本法核算长期股权投资，买价中包含已宣告但尚未发放的现金股利，投资企业正确的会计处理是（　　）。

A. 借记“银行存款”科目，贷记“投资收益”科目

B. 借记“应收股利”科目，贷记“投资收益”科目

C. 借记“应收股利”科目，贷记“长期股权投资”科目

D. 借记“银行存款”科目，贷记“应收股利”科目

3. 2018 年 3 月，甲公司将持有以成本法核算的 2 000 万股股票投资出售，每股成交价为 8 元，支付相关交易费用 100 万元（假设不考虑其他因素），款项已收妥。该投资的账面价值为 15 000 万元。不考虑其他因素，出售该投资应确认的投资收益为（　　）万元。

A. 1 000　　B. 900

C. 100　　D. 1 100

4. 2013 年 5 月 10 日，甲公司以总价款 7 000 万元从二级市场上购入乙公司股票 500 万股准备长期持有，占乙公司 30% 的股份，对乙公司有重大影响。购入股票时，乙公司可辨认净资产的公允价值为 20 000 万元。甲公司该长期股权投资的入账价值为（　　）万元。

A. 20 000　　B. 1 000

C. 7 000　　D. 6 000

5. 2018 年 7 月 1 日，甲公司以 2 200 万取得乙公司 30% 的股份，当日乙公司可辨认净资产的公允价值为 8 000 万，假设甲公司能够对乙公司施加重大影响，甲公司长期股权投资的成本为（　　）万元。

A. 2 200　　B. 1 800

C. 2 400　　D. 6 000

6. 2018 年 7 月 8 日，甲公司以每股 10 元的价格购入并准备长期持有乙股票 800 万股，占乙公司表决权股份的 30%，对乙公司有重大影响，另支付相关手续费 5 万元，假设不考虑其他因素，购入股票时，乙公司可辨认净资产的公允价值为 30 000 万元，不考虑其他因

素，甲公司该项投资计入营业外收入的金额为（　　）万元。

A. 5　　　　B. 1 000

C. －1 000　　　　D. 995

7. 2018 年 1 月 5 日，甲公司购买乙公司股票作为长期股权投资核算，占乙公司有表决权股份的 25%，并能够对其施加重大影响。2018 年 12 月 31 日，乙公司其他综合收益增加了 400 万元。不考虑其他因素，下列关于甲公司 2018 年 12 月 31 日会计处理结果正确的是（　　）。

A. 其他综合收益增加 100 万元　　　　B. 长期股权投资增加 400 万元

C. 资本公积增加 100 万元　　　　D. 投资收益增加 400 万元

8. 2018 年 1 月 15 日，甲公司购买非同一控制下乙公司发行的股票 8 000 万股准备长期持有，拥有乙公司 51% 的股份且实施控制，每股买入价为 5 元，款项已支付。当年乙公司实现净利润 500 万元、宣告分配现金股利 200 万元。不考虑其他因素：2018 年 12 月 31 日，甲公司该长期股权投资的账面余额为（　　）万元。

A. 40 000　　　　B. 40 153

C. 10 102　　　　D. 40 255

9. 下列各项中，应确认为投资收益的是（　　）。

A. 支付与取得长期股权投资直接相关费用

B. 以公允价值模式计量的投资性房地产的公允价值变动

C. 处置长期股权投资净损益

D. 计提长期股权投资减值准备

二、多项选择题

1. 在下列项目中，可以构成长期股权投资成本的有（　　）。

A. 购买股票的价款

B. 购买股票时支付的相关税费

C. 实际支付的价款中包含已宣告但尚未发放的现金股利

D. 咨询费

2. 采用成本法核算长期股权投资，被投资单位宣告分派的现金股利，投资单位可能涉及的科目有（　　）。

A. 投资收益　　　　B. 利润分配

C. 长期股权投资　　　　D. 应收股利

3. 下列各项中，关于企业长期股权投资核算方法表述正确的有（　　）。

A. 对联营企业的长期股权投资采用权益法核算

B. 对子公司的长期股权投资采用权益法核算

C. 对合营企业的长期股权投资采用成本法核算

D. 对子公司的长期股权投资采用成本法核算

4. 下列各项中，在长期股权投资持有期间应确认为当期投资收益的有（　　）。

A. 权益法下，应享有被投资方实现净利润的相应份额

B. 收到长期股权投资购买价款中包含的尚未发放的现金股利

C. 成本法下，应享有被投资方宣告发放现金股利的相应份额

D. 权益法下，应享有被投资方宣告发放现金股利的相应份额

5. 下列各项中，引起企业长期股权投资账面价值发生变动的有（　　）。

A. 权益法下确认在被投资单位所有者权益增加额中享有的份额

B. 转让持有的长期股权投资

C. 权益法下确认在被投资单位实现净利润中享有的份额

D. 计提长期股权投资减值准备

三、判断题

1. 对长期股权投资采用成本法核算，投资后收到的现金股利和股票股利均应确认为投资收益。（　　）

2. 在成本法下，当被投资企业发生盈亏时，投资企业并不做账务处理；当被投资企业宣告分配现金股利时，投资方应将分得的现金股利确认为投资收益。（　　）

3. 控制是指投资方拥有对被投资方的权力，通过参与被投资方的相关活动而享有可变回报，并且有能力运用对被投资方的权力影响其回报金额。（　　）

4. 权益法下，长期股权投资的初始投资成本大于投资时应享有被投资单位可辨认净资产公允价值份额的，投资企业应调整初始投资成本。（　　）

5. 企业长期股权投资的账面价值大于可收回金额低于其时，应按其差额，借记“资产减值损失——计提的长期股权投资减值准备”科目，贷记“长期股权投资减值准备”科日。（　　）

四、应用能力训练

【实训一】

【实训目的】练习长期股权投资成本法业务的操作。

【实训资料】

江苏天润机械有限公司，2018 年至 2020 年发生有关长期股权投资业务如下：

（1）2018 年 1 月 10 日，以银行存款 1 000 000 元取得对诚远股份有限公司的长期股权投资，所持有的股份占乙公司有表决权股份的 55%，另支付相关费用 5 000 元，假设不考虑增值税。

（2）2019 年 6 月 20 日，收到诚远股份有限公司宣告分派现金股利的通知，诚远股份有限公司股东大会决议拟分派现金股利 100 000 元。

（3）2019 年 6 月 30 日，实际收到诚远股份有限公司分来的现金股利存入银行。

（4）2020 年 5 月 10 日，将持有的诚远股份有限公司长期股权投资全部对外转让，转让价款 1 200 000 元，款项已有银行收妥。

【实训要求】根据上述资料，编制相关会计分录。

【实训二】

【实训目的】 练习长期股权投资权益法业务的操作。

【实训资料】

江苏天润机械有限公司，2018 年至 2020 年发生有关长期股权投资业务如下：

（1）2018 年 1 月 20 日，购买东方股份有限公司发行的股票 500 000 股准备长期持有，占东方股份有限公司股份的 30%。每股买入价 6 元，另外，购买该股票时发生有关税费 50 000 元，款项已由银行存款支付。2018 年 1 月 20 日，东方股份有限公司的所有者权益的账面价值（与其公允价值不存在差异）10 000 000 元。

（2）2018 年东方股份有限公司实现净利润 500 000 元。

（3）2018 年东方股份有限公司其他权益工具投资的公允价值增加了 400 000 元。

（4）2019 年 3 月 15 日，东方股份有限公司已宣告发放现金股利，每 10 股派 1 元。

（5）2019 年 4 月 15 日，收到东方股份有限公司分派的现金股利。

（6）2019 年 5 月 20 日，出售所持东方股份有限公司的股票 500 000 股，每股出售价为 7 元，款项已收回。

【实训要求】 根据上述资料，编制相关会计分录。

项目七 *Project 7*

记录固定资产增减变化
核算固定资产维修损耗

任务一　记录固定资产的增加

一、单项选择题

1. 下列各项中，不属于固定资产特征的是（　　）。

A. 是为生产商品、提供劳务、出租或经营管理而持有

B. 使用寿命超过一个会计年度

C. 持有的目的是为了出售

D. 属于非流动资产

2. 一般纳税人购入不需安装的生产经营用固定资产，支付的增值税进项税额应记入的科目是（　　）。

A. 固定资产　　　　B. 营业外支出

C. 在建工程　　　　D. 应交税费

3. 某企业为增值税一般纳税人，购入一台不需要安装的设备，增值税专用发票上注明的价款为500 000元，增值税税额为80 000元。另发生运输费15 000元，增值税税额为1 500元。不考虑其他因素，该设备的入账价值为（　　）元。

A. 500 000　　　　B. 515 000

C. 580 000　　　　D. 596 500

4. 某企业为增值税小规模纳税人，购入一台不需要安装的设备，增值税普通发票上注明的价款为580 000元。另发生运输费取得增值税普通发票16 500元。不考虑其他因素，该设备的入账价值为（　　）元

A. 500 000　　　　B. 515 000

C. 580 000　　　　D. 596 500

5. 某企业为增值税一般纳税人，购入一台需要安装的设备，增值税专用发票上注明的价款为 500 000 元，增值税税额为 80 000 元。另发生运输费 15 000 元，增值税税额为 1 500 元。安装过程中发生安装费用增值税专用发票注明价款 30 000 元，增值税税额为 3 000 元。不考虑其他因素，该设备的入账价值为（　　）元。

A. 515 000　　　　B. 530 000

C. 545 000　　　　D. 629 500

6. 某企业为增值税一般纳税人，自建厂房过程中耗用工程物资的实际成本为 8 000 000 元；在建工程人员薪酬 900 000 元；领用本企业生产经营用材料 100 000 元，该批材料增值税为 16 000 元。该厂房完工后，其入账价值为（　　）万元。

A. 8 000 000　　　　B. 8 900 000

C. 9 000 000　　　　D. 9 016 000

7. 某企业为增值税一般纳税人，适用的增值税税率为 16%。2018 年 7 月自建厂房领用本企业生产的钢材一批，实际成本为 80 000 元，相关进项税额 12 800 元。假定不考虑其他因素，该钢材领用事项应计入在建工程成本的金额为（　　）元。

A. 117 000　　　　B. 92 800

C. 97 000　　　　D. 80 000

8. 企业接受投资者投入的一项固定资产，应按（　　）作为入账价值。

A. 投资合同或协议约定的价值　　　　B. 投资方的账面原值

C. 公允价值　　　　D. 投资方的账面价值

9. 下列说法中，不正确的是（　　）。

A. 自行建造的固定资产，按建造该项资产达到预定可使用状态前所发生的必要支出，作为入账价值

B. 投资者投入的固定资产，按投资方原账面价值作为入账价值

C. 购置的不需安装的固定资产，按实际支付的买价、运输费、包装费、安装成本、交纳的相关税金等，作为入账价值

D. 改扩建的固定资产，按原固定资产的账面价值，加上由于改建、扩建而使该固定资产达到预定可使用状态前发生的支出，减去改建、扩建过程中发生的变价收入作为入账价值。

二、多项选择题

1. 下列项目中，应计入固定资产价值的是（　　）。

A. 购置固定资产时发生的运杂费

B. 增值税一般纳税人为取得固定资产而支付的可以抵扣的增值税

C. 增值税小规模纳税人为取得固定资产而支付的增值税

D. 为建造固定资产发生的建造费用

2. 下列税金中，应该计入固定资产入账价值的有（　　）。

A. 进口固定资产支付的关税　　　　B. 契税

C. 耕地占用税　　　　D. 车辆购置税

3. 下列各项中，应计入固定资产成本的有（　　）。

A. 安装设备支付的安装人员工资　　　B. 建造生产线领用的原材料

C. 生产设备发生的日常修理费　　　D. 购买设备支付的保险金

4. 2018 年 9 月 20 日，某增值税一般纳税人购入甲、乙、丙三项未单独标价的不需安装生产用设备，共支付价款 470 万元，增值税进项税额 75.2 万元，相关运杂费 10 万元（不考虑增值税进项税额），上述款项均以银行存款支付。三项固定资产公允价值分别为 180 万元，200 万元和 120 万元。下列说法正确的有（　　）。

A. 甲设备入账价值为 169.2 万元　　　B. 甲设备入账价值为 172.8 万元

C. 乙设备入账价值为 192 万元　　　D. 丙设备入账价值为 115.2 万元

5. 下列固定资产在购建时需记入"在建工程"科目的有（　　）。

A. 无需安装的固定资产　　　B. 需要安装的固定资产

C. 固定资产的改扩建　　　D. 固定资产新建工程

6. 甲企业为增值税一般纳税人，2018 年 8 月购入自用写字楼一幢，价款 5000 万元，进项税额 500 万元，甲企业以银行存款支付上述款项。假设不考虑其他因素，对于该项经济业务的会计处理，借方正确的有（　　）。

A. 借记"固定资产"科目 5 000 万元

B. 借记"固定资产"科目 5 500 万元

C. 借记"应交税费——应交增值税（进项税额）"科目 300 万元

D. 借记"应交税费——待抵扣进项税额"科目 200 万元

三、判断题

1. 投资者投入固定资产的成本，应当按照评估价值和相关税费确定。（　　）

2. 企业以一笔款项购入多项没有单独标价的固定资产，应将各项资产单独确认固定资产，并按各项固定资产公允价值的比例对总成本进行分配，分别确定各项固定资产的成本。（　　）

3. 企业购入需安装的固定资产时，应在购入的固定资产取得成本的基础上加上安装调试成本作为固定资产的入账成本。（　　）

4. 企业自行建造固定资产而领用本企业生产的产品应视同销售。（　　）

5. 企业采用出包方式进行固定资产工程，支付给建造承包商的工程价款作为工程成本，通过"在建工程"科目核算。（　　）

四、应用能力训练

【实训一】

【实训目的】掌握购入需安装固定资产业务的账务处理。

【实训资料】

江苏天润机械有限公司 2018 年 12 月 15 日向江苏泽伟机械有限公司购入一台需要安装的设备，增值税发票上注明的价款为 900 000 元，增值税为 144 000 元；安装过程中支付安装费50 000元，增值税额5 000元，上述款项已开出转账支票支付；2018年12月31日，该设备安装完成达到预定可使用状态。

【实训要求】 根据上述资料，编制相关会计分录。

【实训二】

【实训目的】 掌握自营建造不动产业务的账务处理。

【实训资料】

江苏天润机械有限公司采用自营方式建造厂房一幢，2018年至2019年发生有关业务如下：

（1）2018年7月2日，购入为工程准备的各种物资10 000 000元，支付增值税1 600 000元。

（2）2018年7月10日，实际领用上述全部工程物资。

（3）2018年12月20日，领用了企业生产用的原材料一批，实际成本为200 000元，增值税税率为16%。

（4）2018年12月30日，计提工程应负担的工程人员薪酬为300 000元。

（5）2019年5月31日，领用本企业生产的产品一批，实际成本为500 000元，该批产品所包含的进项税额64 000元。

（6）2019年6月30日，厂房达到要使用状态并交付使用。

【实训要求】 根据上述资料，编制相关会计分录。

五、真账实操演练

任务二　确认、记录固定资产损耗

一、单项选择题

1. 企业计算固定资产折旧时，不考虑的因素有（　　）。

A. 固定资产预计使用年限　　B. 固定资产取得时的原始价值

C. 固定资产净残值　　D. 固定资产使用部门

2. 下列各项中应计提固定资产折旧的是（　　）。

A. 以融资租赁方式租入的固定资产　　B. 未提足折旧提前报废的固定资产

C. 已提足折旧继续使用的固定资产　　D. 以经营租赁方式租入的固定资产

3. 某企业 2018 年 10 月 2 日购入一台不需用安装的设备，支付的价款为 200 000 元，则该固定资产开始折旧的时间是（　　）。

A. 2018 年 12 月　　B. 2018 年 10 月

C. 2018 年 11 月　　D. 2019 年 1 月

4. 下列各项中，车间管理用房屋计提的折旧费应记入的会计科目是（　　）。

A. 财务费用　　B. 制造费用

c. 生产成本　　D. 管理费用

5. 某项固定资产原值 900 000 元，预计净残值 30000 元，预计使用 5 年，采用年数总和法第 2 年应提折旧额为（　　）。

A. 232 000　　B. 290 000

C. 174 000　　D. 240 000

6. 企业有设备一台，原价 900 000 元，预计净残值 30 000 元，预计可使用年限 5 年。按双倍余额递减法计提折旧，则第 2 年应计提折旧为（　　）元。

A. 348 000　　B. 360 000

C. 216 000　　D. 208 800

7. 2018 年 11 月 20 日，某公司购入一台需要安装的设备，价款 200 万，支付安装人员工资 15 万，2012 年 12 月 10 日，设备达到预定可使用状态，设备预计使用 5 年，预计净产值率 5%，该公司采用双倍余额递减法计提折旧，2013 年该设备应计提的折旧为（　　）万元。

A. 81.7　　B. 80

C. 76　　D. 86

8. 双倍余额递减法和年数总和法这两种固定资产累计折旧方法的共同点有（　　）。

A. 每期折旧额相同　　B. 每期折旧率相同

C. 前期折旧高，后期折旧低　　D. 不考虑净残值

二、多项选择题

1. 影响固定资产折旧的因素主要有（　　）。

A. 固定资产原值　　B. 固定资产的使用年限

C. 固定资产的净残值　　D. 固定资产减值准备

2. 企业的下列固定资产中，应计提折旧的有（　　）。

A. 经营租入的设备　　B. 融资租入的设备

C. 当月出售的固定资产　　D. 未使用的固定资产

3. 下列固定资产中，不计提折旧的固定资产有（　　）。

A. 不需要的设备

B. 当月增加的固定资产

C. 未提足折旧提前报废的固定资产

D. 经营租入的固定资产

4. 下列各项中，关于企业固定资产折旧方法的表述正确的有（　　）。

A. 双倍余额递减法在折旧初期不需要考虑固定资产的预计净残值

B. 年限平均法需要考虑固定资产的预计净残值

C. 年数总和法不需要考虑固定资产的预计净残值

D. 年数总和法计算的固定资产折旧额逐年递减

5. 双倍余额递减法和年数总和法的共同点有（　　）。

A. 属于加速折旧法　　B. 每期折旧率固定

C. 前期折旧高，后期折旧低　　D. 不考虑净残值

6. 下列各项中，关于工业企业固定资产折旧会计处理表述正确的有（　　）。

A. 行政管理部门使用的固定资产，其计提的折旧应计入管理费用

B. 基本生产车间使用的固定资产，其计提的折旧应计入制造费用

C. 经营租出的固定资产，其计提的折旧应计入其他业务成本

D. 建造厂房时使用的自有固定资产，其计提的折旧应计入在建工程成本

三、判断题

1. 已提足折旧的固定资产，无论是否继续使用，均不再提取折旧；提前报废的固定资产，也不再补提折旧。（　　）

2. 企业当月新增加的固定资产，当月不计提折旧，自下月起计提折旧，当月减少的固定资产，当月仍计提折旧。（　　）

3. 企业以经营租赁方式出租的固定资产，其计提的折旧额应计入当期管理费用。（　　）

4. 以融资租赁方式租入的固定资产，因所有权不属于本企业，因此不应计提折旧。（　　）

5. 加速折旧是通过缩短折旧年限，从而达到加速折旧的目的。（　　）

四、应用能力训练

【实训一】

【实训目的】掌握固定资产折旧计算的方法。

【实训资料】江苏天润机械有限公司一项固定资产的原价为300万元，预计使用年限为5年，预计净残值率为10%。

【实训要求】分别采用年限平均法、双倍余额递减法、年数总和法计算各年的折旧额（答案金额用“万元”表示）。

（1）年限平均法：

年折旧额 =

（2）双倍余额递减法：

表 7－1

年限	折旧基数	年折旧率	年折旧额	累计折旧
第一年				
第二年				
第三年				
第四年				
第五年				

（3）年数总和法：

表 7－2

年限	折旧基数	年折旧率	年折旧额	累计折旧
第一年				
第二年				
第三年				
第四年				
第五年				

【实训二】

【实训目的】掌握固定资产增加的核算及折旧计算的方法。

【实训资料】

江苏天润机械有限公司为增值税一般纳税人，增值税税率为 16%。2019 年发生固定资产业务如下：

（1）1 月 20 日，企业管理部门购入一台不需安装的 A 设备，取得的增值税专用发票上注明的设备价款为 550 万元，增值税为 88 万元，另发生运输费 50 万元，运费增值税 5 万元，款项均以银行存款支付。

（2）A 设备经过调试后，于 1 月 22 日投入使用，预计使用 10 年，净残值为 30 万元，决定采用双倍余额递减法计提折旧。

（3）7 月 15 日，企业生产车间购入一台需要安装的 B 设备，取得的增值税专用发票上注明的设备价款为 990 万元，增值税为 158.4 万元，另发生保险费 7 万元，保险费增值税为 0.42 万元，款项均以银行存款支付。

（4）8 月 19 日，将 B 设备投入安装，以银行存款支付安装费 3 万元，安装费增值税 0.3 万元。B 设备于 8 月 25 日达到预定使用状态，并投入使用。

（5）B 设备采用工作量法计提折旧，预计净残值为 50 万元，预计总工时为 5 万小时。9 月，B 设备实际使用工时为 720 小时。

假设上述资料外，不考其他因素。

【实训要求】

（1）编制甲企业 2019 年 1 月 20 日购入 A 设备的会计分录。

（2）计算甲企业 2019 年 2 月 A 设备的折旧额并编制会计分录。

（3）编制甲企业 2019 年 7 月 15 日购入 B 设备的会计分录。

（4）编制甲企业 2019 年 8 月安装 B 设备及其投入使用的会计分录。
（5）计算甲企业 2019 年 9 月 B 设备的折旧额并编制会计分录。
（答案中的金额单位用“万元”表示）

【实训三】
【实训目的】掌握计提固定资产折旧的账务处理。
【实训资料】江苏天润机械有限公司 2018 年 12 月份折旧计算表如下：

表 7－3　　固定资产折旧计算表

2018 年 12 月 31 日

类别/部门	房屋				机器设备			
	原价	净残值率	月折旧率	月折旧额	原价	净残值率	月折旧率	月折旧额
生产车间	3 500 000	4%	0.4%	14 000	26 000 000	5%	0.7917%	205 842
行政管理部门	1 500 000	4%	0.4%	6 000	800 000	5%	0.7917%	6333.6

制单　王小月　　　　复核人　李明

【实训要求】根据上述资料，编制相关会计分录。

任务三　确认、记录固定资产后续支出

一、单项选择题

1. 某企业扩建一条生产线，该生产线原价为 1 000 万元，已提折旧 300 万元，扩建生产线发生相关支出 800 万元，且满足固定资产确认条件，不考虑其他因素，该生产线扩建后的入账价值为（　　）万元。

A. 1 800　　B. 800
C. 1 000　　D. 1500

2. 某企业对生产设备进行改良，发生资本化支出共计 45 万元，被替换旧部件的账面价值为 10 万元。该设备原价为 500 万元，已计提折旧 300 万元。不考虑其他因素，该设备改良后的入账价值为（　　）万元。

A. 200　　B. 235
C. 245　　D. 190

3. 企业车间使用的固定资产发生的修理费应记入的会计科目是（　　）。

A. 管理费用　　B. 制造费用
C. 生产成本　　D. 销售费用

4. 拆除被替换设备，编制会计分录正确的是（　　）。

A. 借记“在建工程”科目，贷记“营业外收入”科目

B. 借记“在建工程”科目，贷记“营业外支出”科目

C. 借记“营业外支出”科目，贷记“在建工程”科目

D. 借记“管理费用”科目，贷记“在建工程”科目

二、多项选择题

1. 固定资产的后续支出，可能记入的会计科目有（　　）。

A. 在建工程　　　　B. 制造费用

C. 管理费用　　　　D. 销售费用

2. 下列有关固定资产后续支出的会计处理中，说法正确的有（　　）。

A. 企业生产车间发生的固定资产修理费用等后续支出，不符合固定资产确认条件的，应当在发生时计入当期的制造费用

B. 企业行政管理部门发生的固定资产修理费用等后续支出，不符合固定资产确认条件的，应当在发生时计入当期的管理费用

C. 企业发生的与专设销售机构相关的固定资产修理费用等后续支出，不符合固定资产确认条件的，应当在发生时计入当期的销售费用

D. 企业对外经营性出租固定资产发生的修理费用等后续支出，不符合固定资产确认条件的，应当在发生时计入当期的其他业务成本

3. 下列各项中，关于企业固定资产的会计处理表述正确的有（　　）。

A. 固定资产日常修理费用计入固定资产成本

B. 提前报废的固定资产不再补提折旧

C. 专设销售机构的固定资产发生的不应资本化的后续支出计入销售费用

D. 专设销售机构的固定资产发生的不应资本化的后续支出计入管理费用

三、判断题

1. 一切为固定资产发生的后续支出均应计入固定资产的成本。（　　）

2. 企业将发生的固定资产后续支出计入固定资产成本的，应当终止确认被替换部分的价值。（　　）

3. 与固定资产有关的修理费用等后续支出，不符合固定资产确认条件的，应当计入当期损益。（　　）

4. 企业生产车间发生的固定资产日常修理费，应作为制造费用核算计入产成品成本。（　　）

四、应用能力训练

【实训目的】掌握固定资产资本化后续支出的账务处理。

【实训资料】

2018 年 12 月江苏天润机械有限公司对生产线进行更新改造：

（1）12 月 10 日，对生产线进行更新改造，该固定资产原值 10 000 000 元，已计提折旧 4 000 000 元；

（2）12 月 20 日，改造中以银行存款支付更新改造支出 2 800 000 万元，增值税税额 448 000 元；

（3）12 月 31 日，分配更新改造工程人员薪酬 200 000 元；

（4）改造过程中拆除替换设备账面价值 150 000 元；

（5）2018 年 12 月 31 日，该生产线改造完成达到预定可使用状态。

【实训要求】 根据上述资料，编制相关会计分录。

五、真账实操演练

任务四　确认、记录固定资产处置

一、单项选择题

1. 下列项目中，不属于“固定资产清理”账户核算的内容包括（　　）。

A. 固定资产报废　　B. 固定资产出售

C. 固定资产盘盈　　D. 固定资产毁损

2. 下列各项中，不属于“固定资产清理”账户核算的内容包括（　　）。

A. 固定资产盘亏　　B. 固定资产出售

C. 固定资产报废　　D. 固定资产毁损

3. 企业出售某项固定资产清理结束后，应将净损益转入（　　）科目。

A. 管理费用　　B. 资产处置损益

C. 营业外支出　　D. 营业外收入

4. 企业报废某项固定资产清理结束后，应将净损失转入（　　）科目。

A. 管理费用　　B. 资产处置损益

C. 营业外支出　　D. 营业外收入

5. “固定资产清理”账户的借方登记的项目有（　　）。

A. 残值变价收入　　B. 出售固定资产的价格

C. 结转的清理净收益　　D. 结转的清理净损失

6. 某公司处置一台旧设备，取得价款 100 万元，增值税销项税额 17 万元，发生清理费用 10 万元，增值税 1.6 万元。该设备原值为 200 万元，已提折旧 60 万元。假定不考虑其他因素，处置该设备影响当期损益的金额为（　　）万元。

A. -45　　B. -40

C. 50　　D. -50

7. 某公司出售专用设备一台，取得价款 30 万元，增值税销项税额 0.48 万元，发生清理费 5 万元（假设不考虑增值税），该设备的账面价值为 22 万元，不考虑其他因素，下列各项中，关于此项交易净损益会计处理结果表述正确的是（　　）。

A. “营业外支出”增加 37 万元　　B. “资产处置损益”贷方增加 3 万元

C. “营业外收入”增加 3 万元　　D. “资产处置损益”借方增加 3 万元

8. 某公司因火灾毁损了一批设备，其账面原值为 100 000 元，已提折旧 60 000 元，支付清理费 8 000 元，保险公司赔款 20 000 元，设备残值变价收入 10 000 元，增值税销项税额 1 600 元。计入“营业外支出”科目的数额为（　　）万元。

A. 58 000　　B. 18 000

C. 28 000　　D. 64 000

9. 某企业一台机床由于技术更新等原因决定提前报废。该机床原价 150 万元，已计提折旧 90 万元，已计提减值准备 40 万元，残值变价收入为 10 万元，增值税销项税额 1.6 万元。假定不考虑其他因素，该企业提前报废机床相关的会计处理结果不正确的是（　　）。

A. “固定资产减值准备”科目借方登记 40 万元

B. “固定资产”科目贷方登记 150 万元

C. “累计折旧”科目借方登记 90 万元

D. “营业外支出——非流动资产处置损失”科目借方登记 20 万元

二、多项选择题

1. 下列业务中通过“固定资产清理”科目核算的有（　　）。

A. 出售固定资产　　B. 固定资产报废

C. 固定资产损毁　　D. 固定资产对外投资

2. “固定资产清理”科目贷方登记的项目有（　　）。

A. 出售固定资产的价款　　B. 变价收入

C. 支付的清理费用　　D. 应由保险公司或过失人赔偿的损失

3. 下列各项中，影响固定资产清理净损益的有（　　）。

A. 清理固定资产发生的税费　　B. 清理固定资产的变价收入

C. 清理固定资产的账面价值　　D. 清理固定资产耗用的材料成本

三、判断题

1. 企业生产经营期间发生的固定资产出售、报废、毁损形成的净损失，应该直接计入当期损益通过管理费用核算。 （　）

2. 企业出售固定资产产生的净损失应记入“营业外支出”科目。 （　）

3. 企业报废固定资产产生的净损失应记入“营业外支出”科目。 （　）

四、应用能力训练

【实训一】

【实训目的】掌握固定资产出售业务的账务处理。

【实训资料】

江苏天润机械有限公司 2018 年 11 月发生如下经济业务：

（1）11 月 3 日准备出售一座建筑物，原价为 5 000 000 元，累计折旧为 2 000 000 元，将该固定资产转入清理。

（2）11 月 15 日将建筑物出售给江苏贸通公司，出售价格为 3 500 000 元，增值税率 10%，增值税额为 350 000 元，价款及增值税收到已存入银行。

（3）11 月 6 日以银行存款支付其他相关税费 20 000 元（假设不考虑增值税）。

（4）11 月 30 日该建筑物清理完毕，结转处置利得或损失。

【实训要求】根据上述资料，编制相关会计分录。

【实训二】

【实训目的】掌握固定资产取得、计提折旧、发生日常修理费用以及毁损业务的账务处理

【实训资料】

江苏天润机械有限公司为增值税一般纳税人，2018 年至 2019 年发生相关经济业务如下：

（1）2018 年 6 月 1 日，购进一台生产用设备并交付生产部门使用，取得的增值税专用发票上注明的价款为 950 000 元，增值税税额为 152 000 元，发票已通过税务机关认证，全部款项已通过银行存款支付，该设备预计使用年限为 10 年、预计净残值为 5 万元，采用直线法计提折旧。

（2）2019 年 8 月，企业对该设备进行日常维修，发生不含税维修费用 5 000 元，增值税 800 元。

（3）2019 年 12 月，该设备因遭受自然灾害发生严重毁损，企业支付不含税清理费用 10 000 元，增值税额为 1 600 元；经保险公司核定应赔偿损失 300 000 元。之前该设备一直未存在减值迹象，至当年末，该设备于 2019 年 12 月 31 日清理完毕。

【实训要求】根据以上资料分别进行会计处理，具体要求如下：

（1）对 2018 年 6 月 1 日购入设备进行账务处理；

（2）计算 2018 年 7 月应计提折旧并进行账务处理；

（3）对 2019 年 8 月对该设备进行日常维修进行账务处理；

（4）对 2019 年 12 月毁损该设备进行账务处理。

任务五　确认、记录固定资产清查

一、单项选择题

1. 企业进行财产清查时盘亏设备一台，其账面原值 25 000 元，已提取折旧 18 000 元，假设不考虑其他因素，则应记入“待处理财产损溢”科目的金额是（　　）元。

A. 7 000　　B. 12 000

C. 25 000　　D. 30 000

2. 企业盘亏的固定资产，扣除保险公司或过失人赔偿后的净损失，应转入的科目是（　　）。

A. 其他业务收入　　B. 营业外支出

C. 资本公积　　D. 营业外收入

3. 2018 年 12 月进行财产清查时发现盘亏设备一台，其账面原价为 100 000 元，已提折旧 40 000 元，该设备购入时增值税额为 17 000 元。经查盘亏的原因是由于保管不善造成，盘亏时应转出增值税额为（　　）元。

A. 6 800　　B. 10 200

C. 17 000　　D. 117 000

4. 企业盘盈的固定资产，应根据（　　）入账。

A. 历史成本　　B. 可变现净值

C. 重置成本　　D. 公允价值

二、多项选择题

1. 下列业务中通过“待处理财产损溢”科目核算的有（　　）。

A. 存货盘亏　　B. 固定资产报废

C. 存货损毁　　D. 固定资产盘亏

2. 下列关于固定资产清查中说法正确的有（　　）。

A. 固定资产盘亏审批前应通过“待处理财产损溢”科目核算

B. 发现固定资产盘亏直接计入“营业外支出”科目

C. 固定资产盘盈应当作为重要的前期差错进行会计处理，企业在财产清查中盘盈的固定资产，在按管理权限报经批准前，应先通过“以前年度损益调整”科目核算

D. 固定资产盘盈批准处理时，借记“以前年度损益调整”科目，贷记“盈余公积”“利润分配”科目

三、判断题

1. 企业盘盈固定资产应通过“待处理财产损溢”科目核算。（ ）

2. 企业盘盈固定资产应通过“以前年度损益调整”科目核算。（ ）

四、应用能力训练

【实训目的】掌握固定资产盘亏业务的账务处理。

【实训资料】

2018 年 11 月 25 日，江苏天润机械有限公司财产清查中发现盘亏一台设备，其原价为 200 000 元，已提折旧 80 000 元，该设备购入时已抵扣增值税额为 34 000 元。11 月 30 日，盘亏设备的原因查明，经有关机构批准后，责成过失人赔偿 20 000 元，其余部分转入营业外支出。

【实训要求】根据上述资料，编制相关会计分录。

任务六　确认、记录固定资产减值

一、单项选择题

1. 企业某项固定资产，其账面原值 250 000 元，已提取折旧 180 000 元，可收回金额 50 000 元，假设该固定资产未计提过减值准备，则应对该固定资产计提减值准备的金额是（ ）元。

A. 70 000　　B. 20 000

C. 50 000　　D. 130 000

2. 企业某项固定资产，其账面原值 250 000 元，已提取折旧 180 000 元，可收回金额 50 000 元，假设该固定资产原已计提减值准备 5 000 元，则应对该固定资产计提减值准备的金额是（ ）元。

A. 15 000　　B. 20 000

C. 50 000　　D. 125 000

二、多项选择题

1. 下列业务中通过“资产减值损失”科目核算的有（　　）。

A. 对应收款项计提减值准备　　B. 对存货计提减值准备

C. 对固定资产计提减值准备　　D. 固定资产盘亏

2. 关于下列说法正确的有（　　）。

A. “资产减值损失”科目属于损益类账户

B. “资产减值损失”科目属于资产类账户

C. “固定资产减值准备”科目属于损益类账户

D. “固定资产减值准备”科目属于资产类账户

三、判断题

1. 企业对固定资产计提减值准备后，以后可收回金额又回升的，计提的减值准备可以转回。（　　）

2. 企业对固定资产计提减值准备，应借记“资产减值损失”科目核算。（　　）

四、应用能力训练

【实训目的】掌握固定资产减值准备的账务处理。

【实训资料】

江苏天润机械有限公司为增值税一般纳税人，2018 年 12 月 31 日该公司一条生产线存在可能发生的减值迹象。经计算，该生产线的可收回金额合计为 1 500 000 元，原值 3 000 000 元，已计提折旧 800 000 元。

【实训要求】根据上述资料，编制相关会计分录。

项目八 *Project 8*

记录其他资产　保护资产完整

任务一　确认、记录投资性房地产

一、单项选择题

1. 下列不属于企业投资性房地产的是（　　）。

A. 房地产开发企业将作为存货的商品房以经营租赁方式出租

B. 企业开发完成后用于出租的房地产

C. 企业持有并准备增值后转让的土地使用权

D. 房地产企业拥有并自行经营的饭店

2. 某企业2018年1月1日开始自建一项房地产，6月30日竣工验收，实际或本500万元，当日即转为投资性房地产入账。采用公允价值模式计量。2018年8月31日，房地产陷入低迷，该项房地产的公允价值降为460万元。2018年12月31日，该项目的公允价值重新升为485万元。公司关于该项目的“公允价值变动损益”账户的余额应为（　　）万元。

A. 借方15　　　　B. 贷方15

C. 借方40　　　　D. 贷方40

3. 企业对成本模式进行后续计量的投资性房地产摊销时，应该借记（　　）账户。

A. 投资收益　　　　B. 其他业务成本

C. 营业外收入　　　　D. 管理费用

4. 2016年1月1日，甲公司购入一幢建筑物用于出租，取得的增值税专用发票上注明的价款为100万元，税款为16万元，款项以银行存款支付。购入该建筑物发生的契税为2万元也以银行存款支付。该投资性房地产的入账价值为（　　）万元。

A. 102　　　　B. 100

C. 98　　　　D. 104

5. 企业的投资性房地产采用成本计量模式。2018年1月1日，该企业将一项投资性房地产转换为固定资产。该投资性房地产的账面余额为120万元，已提拆旧20万元，已计提减值准备 10 万元。该投资性房地产的公允价值为 75 万元，则转换日固定资产的入账价值为（　　）万元。

A. 100　　B. 80

C. 90　　D. 120

6. 企业出售、转让、报废投资性房地产时，应当将处置收入计入（　　）。

A. 公允价值变动损益　　B. 营业外收入

C. 其他业务收入　　D. 资本公积

7. 下列各项中，属于投资性房地产的是（　　）。

A. 房地产企业开发的准备出售的房屋　　B. 房地产企业开发的已出租的房屋

C. 企业持有的准备建造房屋的土地使用权　　D. 企业以经营租赁方式租入的建筑物

8. 2019 年 1 月 1 日，甲公司购入一幢建筑物用于出租，取得增值税专用发票上注明的价款为 100 万元，税费 16 万，款项以银行存款支付。购入该建筑物发生的谈判费用为 0.2 万元，差旅费为 0.3 万元。该投资性房地产的入账价值为（　　）万元。

A. 100　　B. 100.2

C. 100.3　　D. 100.5

9. 甲公司对投资性房地产采用成本模式进行后续计量，2018 年 7 月 1 日开始对一项投资性房地产进行改良，改良后将继续用于经营出租。该投资性房地产原价为 500 万元，采用直线法计提折旧，使用寿命为 20 年，预计净残值为零，已使用 4 年。改良期间共发生改良支出 100 万元，均满足资本化条件，2010 年 12 月 31 日改良完成，则 2018 年末该项投资性房地产的账面价值为（　　）万元。

A. 500　　B. 487.5

C. 475　　D. 10

二、多项选择题

1. 下列各项中，属于投资性房地产的有（　　）。

A. 企业拥有并出借给员工居住的宿舍

B. 企业以经营租赁方式租出的写字楼

C. 房地产开发企业持有并准备增值后出售的房屋

D. 企业持有拟增值后转让的土地使用权

2. 下列有关投资性房地产初始计量的表述中，正确的有（　　）。

A. 外购的投资性房地产应以购买价款作为投资性房地产的成本，相关税费计入当期损益

B. 自行建造投资性房地产的成本，由建造该项资产达到预定可使用状态前所发生的必要支出构成

C. 债务重组取得的投资性房地产按照债务重组的相关规定处理

D. 非货币性资产交换取得的投资性房地产按照非货币性资产交换准则的规定处理

3. 下列有关投资性房地产的表述中，不正确的有（　　）。

A. 成本模式下，当月增加的房屋当月不计提折旧

B. 公允价值模式下，当月增加的房屋下月开始计提折旧

C. 成本模式下，当月增加的土地使用权当月进行摊销

D. 成本模式下，当月增加的土地使用权当月不进行摊销

4. 下列各项中，计入外购投资性房地产实际成本的有（　　）。

A. 购买价格　　B. 契税

C. 印花税　　D. 装修改造费

5. 下列关于投资性房地产的说法正确的有（　　）。

A. 投资性房地产的租金收入都属于企业的“其他业务收入”

B. 投资性房地产的租金收入都属于企业的“营业外收入”

C. 投资性房地产的取得都按取得成本进行初始计量

D. 投资性房地产的取得都按公允价值进行初始计量

6. 采用公允价值模式进行后续计量的投资性房地产，应当同时满足（　　）条件。

A. 投资性房地产所在地有活跃的房地产交易市场

B. 企业能够从活跃的房地产交易市场上取得同类或类似房地产的市场价格及其他相关信息，从而对投资性房地产的公允价值作出合理的估计

C. 所有的投资性房地产有活跃的房地产交易市场

D. 企业能够取得交易价格的信息

7. 下列各项应该记入一般企业“其他业务收入”账户的有（　　）。

A. 出售投资性房地产的收入

B. 出租建筑物的租金收入

C. 出售自用房屋的收入

D. 将持有并准备增值后转让的土地使用权予以转让所取得的收入

8. 下列各项中，不影响企业当期损益的有（　　）。

A. 采用成本计量模式，期末投资性房地产的可收回金额高于账面价值

B. 采用成本计量模式，期末投资性房地产的可收回金额高于账面余额

C. 采用公允价值计量模式，期末投资性房地产的公允价值高于账面余额

D. 自用的房地产转换为采用公允价值模式计量的投资性房地产时，转换日房地产的公允价值小于账面价值

三、判断题

1. 按照《企业会计准则》的规定，投资性房地产的后续计量，既可以采用成本模式计量，在符合规定条件的情况下也可以采用公允价值模式计量，但企业对投资性房地产的计量模式一经确定不得随意变更。（　　）

2. 企业不论在成本模式下，还是在公允价值模式下，投资性房地产取得的租金收入，均确认为其他业务收入。（　　）

3. 企业采用公允价值模式进行后续计量的，不对投资性房地产计提折旧或进行摊销，应当以资产负债表日投资性房地产的公允价值为基础调整其账面价值，公允价值与原账面价值之间的差额计入其他业务成本或其他业务收入。（　　）

4. 已采用公允价值模式计量的投资性房地产，不得从公允价值模式转为成本模式。 （　）

5. 在以成本模式计量的情况下，将作为存货的房地产转换为投资性房地产的，应按其在转换日的账面余额，借记“投资性房地产”账户，贷记“开发产品”等账户。 （　）

6. 投资性房地产是指为赚取租金或资本增值——或两者兼而有之——而持有的房地产。 （　）

7. 企业只能采用成本模式对投资性房地产进行后续计量，不得采用公允价值模式对投资性房地产进行后续计量。 （　）

8. 采用公允价值模式进行后续计量的投资性房地产，应根据其预计使用寿命计提折旧或进行摊销。

9. 采用成本计量模式进行后续计量的房地产在资产负债表日，应计提减值准备的，应借记“资产减值损失”，贷记“投资性房地产减值准备”科目。 （　）

10. 将采用成本模式计量的投资性房地产转换成自用的房地产时，应按该项投资性房地产在转换日的账面余额、累计折旧等，借记“固定资产”“投资性房地产累计折旧”等科目，贷记“投资性房地产”“累计折旧”等科目。

11. 已对外经营出租但仍由本企业提供日常维护的建筑物，不属于投资性房地产。 （　）

12. 外购投资性房地产的成本，包括购买价款、相关税费和可直接归属于该资产的其他支出。 （　）

四、应用能力训练

【实训一】

【实训目的】练习投资性房地产业务的操作。

【实训资料】

江苏天润机械有限公司对投资性房地产采用成本模式进行后续计量。2018 年 8 月，天润公司计划购入一栋写字楼用于对外出租。8 月 15 日，天润公司与乙公司签订了经营租赁合同，约定自写字楼购买日起将这栋写字楼出租给乙公司，为期 5 年。请完成如下业务的账务处理：

（1）8 月 15 日，天润公司实际购入写字楼，卖方开出增值税专用发票注明价款 50 000 000 元，增值税率 16%，增值税额 8000 000 元，款项用银行存款支付。

（2）该写字楼按直线法计提折旧，使用寿命为 40 年，预计净残值为 0，自 2018 年 9 月起，按月计提折旧。

（3）按租赁合同，收到承租方每月支付给公司租金 10 万元，公司开出增值税专用发票，税率 10%，款项存入银行。

（4）2018 年 12 月 31 日，该栋写字楼发生减值迹象，经减值测试，其可收回金额为 45 000 000 元。

【实训要求】根据上述资料，编制相关会计分录。

【实训二】

【实训目的】练习投资性房地产业务的操作。

【实训资料】

江苏天润机械有限公司对投资性房地产采用公允模式进行后续计量。2018 年 8 月，天润公司计划购入一栋写字楼用于对外出租。8 月 15 日，天润公司与乙公司签订了经营租赁合同，约定自写字楼购买日起将这栋写字楼出租给乙公司，为期 5 年。相关经济业务如下：

（1）8 月 15 日，天润公司实际购入写字楼，卖方开出增值税专用发票注明价款 50 000 000 元，增值税率 16%，增值税额 8000 000 元，款项用银行存款支付。

（2）2018 年 12 月 31 日，该写字楼的公允价值为 52 000 000 元。

（3）2019 年 6 月 30 日，该写字楼的公允价值为 51 000 000 元。

【实训要求】根据上述资料，编制相关会计分录。

【实训三】

【实训目的】练习投资性房地产业务的操作。

【实训资料】

江苏天润机械有限公司将其出租的一栋写字楼确认为投资性房地产，采用成本模式计量。2018 年 12 月 31 日租赁期满后，公司将该写字楼出售给甲公司，合同价款为 45 000 000 元，开出增值税专用发票，注明税率 10%，甲公司已用银行存款付清。出售时，该栋写字楼的成本为 38 000 000 元，已计提折旧 3 000 000 元。

【实训要求】根据上述资料，对取得收入业务和结转处置成本业务进行账务处理。

【实训四】

【实训目的】练习投资性房地产业务的操作。

【实训资料】

江苏天润机械有限公司将其出租的一栋写字楼确认为投资性房地产，采用公允价值模式计量。租赁期届满后，天润公司将该栋写字楼出售给乙公司，合同价款为 20 000 000 元，开出增值税专用发票，注明税率 10%，乙公司已用银行存款付清。出售时，该栋写字楼的成本为 17 000 000 元，公允价值变动为借方余额 1 000 000 元，原转换取得时确认的其他综合收益 150 000 元。

【实训要求】

（1）出售投资性房地产，并对取得收入业务进行账务处理。

（2）对结转处置成本业务进行账务处理。

（3）对结转投资性房地产累计公允价值变动业务进行账务处理。

（4）对结转转换时的其他综合收益业务进行账务处理。

任务二　确认、记录无形资产和其他资产

一、单项选择题

1. 按照现行规定，下列各项中，股份有限公司应作为无形资产入账的是（　　）。

A. 开办费

B. 商誉

C. 为获得土地使用权支付的土地出让金

D. 开发新技术过程中发生的研究开发费

2. 企业确认的无形资产减值应计入（　　）。

A. 资产减值损失　　B. 管理费用

C. 坏账准备　　D. 其他业务成本

3. A 公司为甲、乙两个股东共同投资设立的股份有限公司。经营一年后，甲、乙股东之外的另一个投资者丙要求加入 A 公司。经协商，甲、乙同意丙以一项非专利技术投入，三方确认该非专利技术的价值是 100 万元。该项非专利技术在丙公司的账面余额为 120 万元，市价为 100 万元，则该项非专利技术在 A 公司的入账价值为（　　）万元。

A. 100　　B. 120

C. 0　　D. 150

4. A 公司 2018 年 3 月 1 日开始自行开发成本管理软件，在研究阶段发生材料费用 10 万元，开发阶段发生开发人员工资 100 万元、福利费 20 万元、支付租金 30 万元。开发阶段的支出满足资本化条件。2018 年 3 月 16 日，该软件开始成功，并依法申请了专利，支付注册费 1 万元，律师费 2.5 万元，并于 2018 年 3 月 20 日为向社会展示该软件，特举办了大型宣传活动，支付费用 50 万元，则 A 公司无形资产的入账价值应为（　　）万元。

A. 213.5　　B. 3.5

C. 153.5　　D. 163.5

5. 企业在研发阶段发生的无形资产支出应先记入（　　）账户。

A. 无形资产　　B. 管理费用

C. 研发支出　　D. 累计摊销

6. 下列属于无形资产后续支出的是（　　）。

A. 相关宣传活动支出　　B. 无形资产研究费用

C. 无形资产开发支出　　D. 无形资产购买价款

7. 2019 年 1 月 1 日，乙公司将某专利权的使用权转让给丙公司，每年收取租金 10 万元，适用增值税税率为 6%，不考虑其他税费。转让期间乙公司不使用该项专利。该专利权系乙公司于 2018 年 1 月 1 日购入的，初始入账价值为 10 万元，预计使用年限为 5 年。该无

形资产按直线法摊销。假定不考虑其他因素，乙公司 2019 年度因该专利权形成的其他业务利润为（　　）万元。

A. -2　　B. 7.5

C. 8　　D. 9.5

8. 企业出售无形资产发生的净损失，应记入（　　）账户。

A. 营业外支出　　B. 其他业务成本

C. 主营业务成本　　D. 管理费用

9. 企业出租无形资产取得的收入，应当记入（　　）账户。

A. 主营业务收入　　B. 其他业务收入

C. 投资收益　　D. 营业外收入

10. 下列各项中，关于无形资产摊销的会计处理表述正确的是（　　）。

A. 无形资产摊销额应全部计入管理费用

B. 用于生产产品的无形资产的摊销额应计入其他业务成本

C. 使用寿命不确定的无形资产不应摊销

D. 使用寿命有限的无形资产自可供使用下个月开始摊销

11. 企业自行研究开发的专利权与非专利技术，其研究开发过程中发生的支出，应当区分研究阶段支出与开发阶段支出分别处理。无法区分研究阶段支出和开发阶段支出的，应当将其所发生的研究支出全部费用化，应计入的科目是（　　）。

A. 管理费用　　B. 营业外支出

C. 销售费用　　D. 财务费用

12. 2018 年 9 月 1 日，某工业企业转让一项专利权，该专利权成本为 250 000 元，累计摊销 50 000 元。取得转让价款为 300 000 元。不考虑其他因素，则下列关于转让专利权的会计处理结果正确的是（　　）。

A. 营业外收入增加 300 000 元　　B. 其他业务收入增加 300 000 元

C. 营业外收入增加 100 000 元　　D. 其他业务收入增加 100 000 元

13. 某企业转让一项专利权，与此有关的资料如下：该专利权的账面余额 50 万元，已摊销 20 万元，计提资产减值准备 5 万元，取得转让价款 28 万元。假设不考虑其他因素，该企业转让无形资产应该确认的净损益为（　　）万元。

A. -2　　B. 1.6

C. 3　　D. 8

14. 某企业 2018 年 1 月 1 日购入一项专利权，实际支付价款 100 万元，按 10 年采用直线法摊销，无残值。2019 年末，该无形资产的可收回金额为 60 万元，2020 年 1 月 1 日，对无形资产的使用寿命和摊销方法进行复核，该无形资产的尚可使用年限为 5 年，摊销方法仍采用直线法，预计净产值仍为 0，该专利权 2020 年应摊销的金额为（　　）万元。

A. 16　　B. 20

C. 7　　D. 10

二、多项选择题

1. 外购无形资产的成本，包括（　　）。

A. 购买价款

B. 进口关税

C. 其他相关税费

D. 直接归属于使该项资产达到预定用途所发生的其他支出

2. 投资者投入无形资产的成本，应当按（　　）确定，但该金额不公允的除外。

A. 投资合同约定的价值　　B. 公允价值

C. 投资方无形资产的账面价值　　D. 协议约定的价值

3. 下列各项中，企业应确认为无形资产的有（　　）。

A. 吸收投资取得的土地使用权

B. 购买的土地使用权

C. 自行开发并按法律程序申请取得的无形资产

D. 无偿划拨取得的土地使用权

4. 下列有关无形资产的后续计量中，说法不正确的有（　　）。

A. 使用寿命不确定的无形资产，其应摊销的金额应该按 10 年进行摊销

B. 无形资产的摊销方法必须采用直线法进行摊销

C. 使用寿命不确定的无形资产应该按照系统、合理的方法摊销

D. 企业无形资产的摊销方法应当反映与该项无形资产有关的经济利益的预期实现方式

5. 下列关于无形资产说法正确的有（　　）。

A. 无形资产不具有实物形态

B. 无形资产不具有可辨认性

C. 专利权和非专利技术都属于无形资产

D. 商誉属于无形资产

6. 下列各项中，企业计提的资产减值准备在以后期间不得转回的有（　　）。

A. 投资性房地产减值准备　　B. 无形资产减值准备

C. 长期股权投资减值准备　　D. 存货跌价准备

7. 关于无形资产摊销的下列说法中正确的有（　　）。

A. 使用寿命有限的无形资产，其应摊销金额应当在使用寿命内进行合理摊销

B. 企业摊销无形资产，应当自无形资产可供使用当月起开始摊销，处置当月不再摊销

C. 无形资产摊销年限不超过 10 年

D. 使用寿命不确定的无形资产不应摊销

三、判断题

1. 无形资产是指企业为生产商品、提供劳务、出租给他人或为管理目的而持有的、没有实物形态的非货币性长期资产。（　　）

2. 无形资产预期不能为企业带来经济利益的，应将无形资产的账面价值转入“管理费用”账户。（　　）

3. 无形资产是企业拥有或者控制的没有实物形态的非货币性资产，分为可辨认的无形资产和不可辨认的无形资产。（　　）

4. 企业至少应当于每年年度终了时，对使用寿命有限的无形资产的使用寿命及摊销方法进行复核。无形资产的使用寿命及摊销方法与以前估计不同的，应当改变摊销期限和摊销方法。（　　）

5. 企业的无形资产均应按照直线法进行摊销。（　　）

6. 无形资产预期不能为企业带来经济利益的，应当将该无形资产的账面价值予以转销。（　　）

7. 无形资产的可辨认性特征是区别于商誉的显著标志。（　　）

8. 对自行开发并按法律程序申请取得的无形资产，按在研究与开发过程中发生的材料费用、直接参与开发人员的工资及福利费、开发过程中发生的租金、借款费用，以及注册费、聘请律师费等费用作为无形资产的实际成本。（　　）

9. 企业自行研发无形资产，研究阶段的支出应费用化，计入当期损益。（　　）

10. 企业出售无形资产取得的净收益，应计入其他业务收入。（　　）

四、应用能力训练

【实训一】

【实训目的】练习无形资产业务的操作。

【实训资料】

甲企业为增值税一般纳税人，2018 年度至 2020 年度发生的与无形资产有关的业务如下：

（1）2018 年 1 月 10 日，甲企业开始自行研发一项行政管理用非专利技术，截止 2018 年 5 月 31 日，用银行存款支付外单位协作费 74 万元，领用本单位原材料成本 26 万元（不考虑增值税因素），经测试，该项研发活动已完成研究阶段。

（2）2018 年 6 月 1 日研发活动进入开发阶段，该阶段发生研究人员的薪酬支出 35 万元，领用材料成本 85 万元（不考虑增值税因素），全部符合资本化条件，2018 年 12 月 1 日，该项研发活动结束，最终开发形成一项非专利技术并投入使用，该非专利技术预计可使用年限为 5 年，预计净产值为 0，采用直线法摊销。

（3）2019 年 1 月 1 日，甲企业将该非专利技术出租给乙企业，双方约定租赁期限为 2 年，每月末以银行转账结算方式收取押金 1.5 万元。

（4）2020 年 12 月 31 日，租赁期限届满，经减值测试，该非专利技术的可回收金额为 52 万元。

【实训要求】根据上述材料，不考虑其他因素，分析回答下列问题（答案中的金额单位用万元表示）。

1. 根据资料（1）至（2），甲企业自行研究开发无形资产的入账价值为（　　）万元。

A. 100　　B. 120

C. 146　　　　　　　　　　　　　　　D. 220

2. 根据资料（1）至（3），下列各项中，关于甲企业该非专利技术摊销的会计处理表述正确的是（　　）。

A. 应当自可供使用的下个月起开始摊销

B. 应当自可供使用的当月起开始摊销

C. 该非专利技术出租前的摊销额应计入管理费用

D. 摊销方法应当反映与该非专利技术有关的经济利益的预期实现方式

3. 根据资料（3），下列各项中，甲企业2019年1月出租无形资产和收取租金的会计处理正确的是（　　）。

A. 借：其他业务成本　2
　　贷：累计摊销　2

B. 借：管理费用　2
　　贷：累计摊销　2

C. 借：银行存款　1.5
　　贷：其他业务收入　1.5

D. 借：银行存款　1.5
　　贷：营业外收入　1.5

4. 根据资料（4），甲企业非专利技术的减值金额为（　　）万元。

A. 0　　B. 18　　C. 20　　D. 35.6

5. 根据资料（1）至（4），甲企业2017年12月31日应列入资产负债表“无形资产”项目的金额为（　　）万元。

A. 52　　B. 70　　C. 72　　D. 88

【实训二】

【实训目的】练习无形资产业务的操作。

【实训资料】

2018年8月5日，江苏天润机械有限公司向昆明兴隆科技有限公司购入一项专利权，取得增值税专用发票，注明价款为6 000 000元，税率6%，税额360 000元，以银行汇票支付。该专利技术使用年限为10年，采用直线法摊销。同时，江苏天润机械有限公司自行研究、开发一项技术，截至2018年12月31日，发生研发支出合计1 000 000元，均以银行存款支出，经测试，该项研发活动完成了研究阶段，从2019年1月1日开始进入开发阶段。2020年12月2日，公司将其自行研发的专利技术出售，成本为2 000 000元，已摊销金额为500 000元，已计提的减值准备为100 000元。出售时开具增值税专用发票，注明价款1 500 000元，增值税税率6%，增值税为90 000元，款项1 590 000元已存入银行。

【实训要求】

（1）编制2018年8月5日购入专利权的分录；

（2）编制8月份该无形资产摊销分录；

（3）编制2018年12月31日研发专利权的分录；

（4）编制2020年12月2日出售专利权的分录。

项目九 *Project 9*

记录流动负债 明确短期义务

任务一 确认、记录短期借款

一、单项选择题

1. 下列各项，不属于企业流动负债的有（ ）。

A. 预收账款　　B. 应付债券

C. 应付职工薪酬　　D. 预付账款

2. 短期借款在核算时，不会涉及的账户是（ ）。

A. 短期借款　　B. 应付利息

C. 财务费用　　D. 其他应付款

3. 某公司 2018 年 7 月 1 日向银行借入资金 60 万元，期限 6 个月，年利率为 6%，到期还本，按月计提利息，按季付息。该企业 7 月 31 日应计提的利息为（ ）万元。

A. 0.3　　B. 0.6

C. 0.9　　D. 3.6

4. 2018 年 7 月 1 日，某企业向银行借入一笔经营周转资金 100 万元，期限 6 个月，到期一次还本付息，年利率为 6%，借款利息按月预提，2018 年 11 月 30 日该短期借款的账面价值为（ ）万元。

A. 120.5　　B. 102.5

C. 100　　D. 102

5. 2018 年 9 月 1 日，某企业向银行借入一笔期限 2 个月、到期一次还本付息的生产经营周转借款 200000 元，年利率 6%。借款利息不采用预提方式，于实际支付时确认。11 月 1 日，企业以银行存款偿还借款本息的会计处理正确的是（ ）。

A. 借：短期借款　　200 000

　　　应付利息　　2 000

　　贷：银行存款　　202 000

B. 借：短期借款　　200 000
　　应付利息　　1 000
　　财务费用　　1 000
　　贷：银行存款　　20 2000

C. 借：短期借款　　200 000
　　财务费用　　2 000
　　贷：银行存款　　202 000

D. 借：短期借款　　202 000
　　贷：银行存款　　202 000

二、多项选择题

1. 下列有关负债的表述，不恰当的有（　　）。

A. 负债是企业承担的现时义务

B. 企业未来会发生的交易形成的义务，应属于企业的负债

C. 只要是企业的现时义务，就应是企业的负债

D. 如果与某些现时义务有关的经济利益很可能流出企业，就应作为一项负债确认

2. 核算短期借款利息时，可能会涉及的会计科目是（　　）。

A. 应付利息　　B. 财务费用

C. 银行存款　　D. 短期借款

三、判断题

1. 负债是过去的交易、事项形成的潜在的义务，履行该义务预期会导致经济利益流出企业。（　　）

2. 短期借款利息在预提或实际支付时均通过“短期借款”核算。（　　）

3. 企业的短期借款利息应在实际支付时计入当期财务费用。（　　）

4. 资产负债表日，按计算确定的短期借款利息费用，贷记的会计科目为“应付利息”。（　　）

四、应用能力训练

【实训目的】 训练短期借款的会计核算。

【实训资料】

A 企业因生产经营需要，2018 年 7 月 1 日从银行取得一项为期 3 个月的临时借款 120 000 元，年利率 4.8%，借款利息数额不大，不考虑预提，借款到期以存款一次还本付息。

B 企业因生产经营需要，于 2018 年 9 月 1 日从银行取得一项为期 6 个月的生产周转借款 900 000 元，年利率 4.8%，借款利息分月预提，在季末付息，到期日归还本金及未付

利息。

【实训要求】 编制短期借款取得、计（付）息、还款的相关会计分录。

五、真账实操演练

任务二　确认、记录应付及预收款项

一、单项选择题

1. 期末，带息应付票据计提利息时，应作的会计分录是（　　）。

A. 借记“财务费用”科目，贷记“应付利息”科目

B. 借记“管理费用”科目，贷记“应付利息”科目

C. 借记“财务费用”科目，贷记“应付票据”科目

D. 借记“管理费用”科目，贷记“应付票据”科目

2. 某企业以一张期限为 6 个月的商业承兑汇票支付货款，票面价值为 100 万元，票面年利率为 6%。该票据到期时，企业应支付的金额为（　　）万元。

A. 106　　B. 104

C. 103　　D. 100

3. 如果企业不设置“预收账款”科目，应将预收的货款记入（　　）。

A. 应收账款的借方　　B. 应收账款的贷方

C. 应付账款的借方　　D. 应付账款的贷方

4. 下列有关应付票据处理的表述，不正确的是（　　）。

A. 企业开出并承兑商业汇票时，应按票据的到期值贷记“应付票据”

B. 企业支付的银行承兑手续费，计入当期“财务费用”

C. 应付票据到期支付时，按票面金额借记”应付票据”

D. 企业到期无力支付的不带息商业承兑汇票，应按票面金额转入“应付账款”

5. 企业发生赊购商品业务，下列各项中不影响应付账款入账金额的是（　　）。

A. 商品价款　　B. 增值税进项税额

C. 现金折扣　　D. 销货方代垫运杂费

6. 结转确实无法支付的应付账款，账面余额转入（　　）。

A. 管理费用　　B. 财务费用

C. 其他业务收入　　D. 营业外收入

7. 2018 年 2 月 1 日某企业购入原材料一批，开出一张面值为 117 000 元，期限为 3 个月的不带息的商业承兑汇票。2018 年 5 月 1 日该企业无力支付票款时，下列会计处理正确的是（　　）。

A. 借：应付票据　　117 000
　　贷：短期借款　　117 000

B. 借：应付票据　　117 000
　　贷：其他应付款　　117 000

C. 借：应付票据　　117 000
　　贷：应付账款　　117 000

D. 借：应付票据　　117 000
　　贷：预付账款　　117 000

二、多项选择题

1. 下列各项中应计入“财务费用”的是（　　）。

A. 短期借款期末计提的利息

B. 转销无力支付的商业票据款

C. 申请银行承兑商业汇票时按要求存入的保证金

D. 带息应付票据在期末所计提的利息

2. 商业汇票到期无力偿付时，付款方应将其从“应付票据”账户转入（　　）账户。

A. 短期借款　　B. 应付账款

C. 其他应付款　　D. 不做账务处理

3. 下列项目中，属于其他应付款核算范围的有（　　）。

A. 收到的包装物押金　　B. 应付经营租入固定资产租金

C. 存出投资款　　D. 应付租入包装物的租金

三、判断题

1. 企业到期无力偿付的商业承兑汇票，应按其账面余额转入“短期借款”科目。（　　）

2. 企业转销无力支付的商业承兑汇票时，应将应付票据按票据到期值转入“应付账款”。（　　）

3. 企业确实无法支付的应付账款，应按照其账面余额计入营业外收入。（　　）

4. “预收账款”如出现贷方余额，反映企业尚欠供货商的款项。（　　）

5. 企业采购商品或接受劳务采用银行汇票结算时，应通过“应付票据”科目核算。
（　　）

四、应用能力训练

【实训一】

【实训目的】训练应付票据的会计核算。

【实训资料】

2018 年 7 月 1 日，东方工厂从甲企业购入 A 材料一批，货款 20 000 元，增值税 3 200 元，材料已验收入库（材料按实际成本计价核算），企业签发并承兑面值 23 200 元、为期 6 个月的不带息商业承兑汇票支付货款。

【实训要求】编制东方工厂开出票据和到期支付票款的会计处理。

【实训二】

【实训目的】训练应付票据的会计核算。

【实训资料】

2018 年 8 月 1 日，某企业从乙公司购入 B 材料一批，货款 50 000 元，增值税 8 000 元；乙公司代垫运费，企业收到运费增值税专用发票，发票中列示运费为 2 000 元，增值税 200 元，材料已验收入库（材料按实际成本计价核算）。企业签发并承兑一张面值 60 200 元、年利率为 6%、为期 3 个月的带息银行承兑汇票。并以银行存款支付银行承兑手续费 750 元。

【实训要求】编制开出商业汇票、支付承兑手续费、月末计提利息、到期支付票据款项的会计分录。

【实训三】

【实训目的】训练应付账款的会计核算。

【实训资料】

A 企业 2018 年 8 月 4 日从 B 公司购入原材料 100 千克，货款 60 000 元，增值税税率 16%，材料验收时发现有 1 千克合理损耗，材料入库，价税款尚未支付。(8 月 12 日支付 8 月 4 日从 B 公司购料的款项。8 月 25 日向五丰公司购入原材料一批，材料已验收入库，价款因尚未收到发票账单而无法支付。8 月 25 日向五丰公司购入原材料业务，至月终仍未收到发票账单，月终企业按估价 36 000 元暂付入账。8 月末，经批准，将确实无法支付的应付白云公司账款 15 000 元予以转销。

【实训要求】根据资料编制有关会计分录。

【实训四】

【实训目的】训练预收账款的会计核算。

【实训资料】

2019 年 3 月 5 日，某企业按合同约定预收 B 公司货款 30 000 元存入银行，2019 年 3 月 20 日，将商品发运给 B 公司，售价 50 000 元，增值税 8 000 元，差额 28 000 元已收存银行。

【实训要求】根据资料编制有关会计分录。

五、真账实操演练

任务三　确认、记录应付职工薪酬

一、单项选择题

1. 按照《企业会计准则第 9 号——职工薪酬》的规定，职工薪酬不包括的内容有（　　）。

A. 医疗保险费等社会保险费　　B. 住房公积金

C. 工会经费和职工教育经费　　D. 职工出差报销的差旅费

2. 企业从应付职工薪酬中代扣的个人所得税，贷记的会计科目是（　　）。

A. 其他应收款　　B. 应交税费——应交个人所得税

C. 银行存款　　D. 其他应付款

3. 某企业以现金支付行政管理人员生活困难补助 2 000 元，下列各项中，会计处理正确的是（　　）。

A. 借：其他业务成本　　2 000
　　贷：库存现金　　2 000

B. 借：营业外支出　　2 000
　　贷：库存现金　　2 000

C. 借：管理费用　　2 000
　　贷：库存现金　　2 000

D. 借：应付职工薪酬——职工福利　　2 000
　　贷：库存现金　　2 000

4. 企业支付工会经费和职工教育经费用于工会活动和职工培训，应借记的会计科目是（　　）。

A. 管理费用　　B. 其他应收款

C. 应付职工薪酬　　　　　　　　　　D. 其他应交款

5. 因解除与生产工人的劳动关系给予的补偿，属于职工薪酬中的（　　）。

A. 职工工资　　　　　　　　　　B. 职工福利费

C. 非货币性福利　　　　　　　　D. 辞退福利

6. 企业在无形资产研究阶段发生的职工薪酬，应当计入（　　）。

A. 管理费用　　　　　　　　　　B. 在建工程

C. 无形资产　　　　　　　　　　D. 生产成本

7. 职工工资中代扣的职工房租，应借记的会计科目是（　　）。

A. 应付职工薪酬　　　　　　　　B. 银行存款

C. 其他应收款　　　　　　　　　C. 其他应付款

8. 企业在无形资产开发阶段发生的职工薪酬，符合资本化条件的应计入（　　）。

A. 制造费用　　　　　　　　　　B. 无形资产成本

C. 存货成本　　　　　　　　　　D. 在建工程成本

9. 下列各项支出，不通过"应付职工薪酬"核算的有（　　）。

A. 职工培训费　　　　　　　　　B. 职工生活困难补助

C. 职工社会保险费　　　　　　　D. 业务招待费

10. 从职工工资中代扣由职工负担的社会保险费，应贷记的科目是（　　）。

A. 应付职工薪酬－社会保险费　　B. 应付账款

C. 应交税费　　　　　　　　　　D. 其他应付款

11. 2018 年 10 月，某企业将自产的 300 台空调作为福利发放给职工，每台成本为 0.18 万元，市场售价为 0.2 万元（不含增值税），该企业适用的增值税税率为 16%，假定不考虑其他因素，该企业由此而贷记"应付职工薪酬"科目的发生额为（　　）。

A. 69.6　　　　　　　　　　　　B. 63.18

C. 54　　　　　　　　　　　　　D. 60

12. 甲公司实行累计带薪缺勤制度，每位员工每年可享受 5 个工作日的带薪年休假，当年未使用的带薪缺勤权利可以后转 1 个公历年度，超过 1 年未使用的权利作废，当年带薪年休假首先使用当年权利，再从上年结转权利扣除。2018 年 12 月甲公司当年共计有 10 名销售人员享受 3 天带薪年休假。甲公司预计 2019 年这 10 名销售人员将享受 6 天带薪年休假。假定每名销售人员的日工资为 500 元，不考虑其他因素，则 2018 年 12 月甲公司应编制的会计分录为（　　）

A. 借：销售费用　　5 000

　　贷：应付职工薪酬　　5 000

B. 借：销售费用　　10 000

　　贷：应付职工新酬　　10 000

C. 借：销售费用　　15 000

　　贷：应付职工新酬　　15 000

D. 无需进行账务处理

13. 企业以经营租赁方式租入公寓供企业部门经理免费居住，相关租金按月支付，该企业每月应编制的会计分录是（　　）。

A. 借记“管理费用”科目，贷记“银行存款”科目

B. 借记“管理费用”科目，贷记“应付职工薪酬”科目

C. 借记“管理费用”科目，贷记“应付职工薪酬”科目；支付时借记“应付职工薪酬”科目，贷记“银行存款”等科目

D. 借记“资本公积”科目，贷记“银行存款”科目；同时借记“应付职工薪酬”科目，贷记“资本公积”科目

14. 某公司共有职工 500 名，其中生产工人为 400 名，管理人员为 100 名。2018 年 12 月份，该公司向职工发放自产产品作为福利，每人发放一台。该产品的成本为每台 150 元，计税价格为 200 元，增值税税率为 16%。不考虑其他因素，该公司因该事项而计入管理费用的金额为（　　）元。

A. 117 000　　B. 23 200

C. 15 000　　D. 20 000

15. 甲企业根据“工资费用分配汇总表”结算本月应付职工工资总额 480 000 元，其中企业代扣职工个人所得税 80 000 元、代垫职工家属医药费 50 000 元，甲企业应编制会计分录（　　）。

A. 借：应付职工薪酬　480 000
　　贷：银行存款　480 000

B. 借：应付职工薪酬　350 000
　　贷：银行存款　350 000

C. 借：应付职工薪酬　480 000
　　贷：其他应付款　50 000
　　　　应交税费——应交个人所得税　80 000
　　　　银行存款　350 000

D. 借：应付职工薪酬　480 000
　　贷：其他应收款　50 000
　　　　应交税费——应交个人所得税　80 000
　　　　银行存款　350 000

二、多项选择题

1. 向职工发放自产产品时，记入“应付职工薪酬”的金额有（　　）。

A. 产品的生产成本

B. 产品视同销售应负担的增值税税额

C. 制造产品所耗材料需予转出的增值税进项税额

D. 产品的计税价格

2. 下列各项中，应通过“应付职工薪酬”科目核算的有（　　）。

A. 支付职工的工资、奖金及津贴　　B. 按规定计提的职工教育经费

C. 向职工发放的防暑降温费　　D. 职工出差报销的差旅费

3. 非货币性职工薪酬主要为非货币性福利，通常不包括的内容有（　　）。

A. 企业以自己的产品发放给职工作为福利
B. 企业向职工提供技能培训的相关支出
C. 企业外购物资无偿发放给职工
D. 向社会保险经办机构交纳的养老保险费
4. 下列各项职工薪酬，不能直接在“管理费用”中列支的有（　　）。
A. 专利开发人员的薪酬　　B. 行政人员的薪酬
C. 车间管理人员的薪酬　　D. 研究人员的薪酬
5. 下列各项中，应作为应付职工薪酬核算的有（　　）。
A. 支付的工会经费　　B. 支付的职工教育经费
C. 为职工支付的住房公积金　　D. 因解除与职工的劳动关系给予的补偿
6. 下列各项中，企业应作为职工薪酬核算的有（　　）。
A. 累积带薪缺勤　　B. 职工教育经费
C. 非货币性福利　　D. 长期残疾福利
7. 下列各项中，应列入资产负债表“应付职工薪酬”项目的有（　　）。
A. 支付临时工的工资　　B. 发放困难职工的补助金
C. 缴纳职工的工伤保险费　　D. 支付辞退职工的经济补偿金

三、判断题

1. 应付职工薪酬包括职工在职期间和离职后提供给职工的全部货币性薪酬和非货币性福利，也包括解除劳务关系给予的补偿。（　　）

2. 企业为职工交纳的基本养老保险金、补充养老保险费，均属于企业提供的职工薪酬。（　　）

3. 应由企业负担的职工社会保险费、住房公积金等均应通过“应付职工薪酬”核算。（　　）

4. 工会开展活动及企业为职工进行培训的相关支出，应在发生时，按职工部门及岗位将支付金额记入成本或费用账户。（　　）

5. 对于设定提存计划，企业应当根据在资产负债表日为换取职工在会计期间提供的服务而应向单独主体缴存的提存金，确认为应付职工薪酬。（　　）

四、应用能力训练

【实训一】

【实训目的】训练应付职工薪酬的会计核算。

【实训资料】

某公司 2018 年 2 月发生如下业务：

(1) 本月应付职工工资总额为 130 万元，工资费用分配汇总表中列示的产品生产工人工资为 85 万元，车间管理人员工资为 10 万元，企业行政管理人员工资为 20 万元，销售人员工资为 5 万元，在建工程人员工资 10 万元。

（2）按职工工资总额的2%和2.5%计提工会经费和职工教育经费。

（3）本月工会开展新春联欢活动，支出工会经费8 000元，开出转账支票支付。

（4）本月以银行存款支付行业专家对本公司人员的培训费用6 000元。

【实训要求】编制上述业务会计分录。

【实训二】

【实训目的】训练应付职工薪酬的会计核算。

【实训资料】

2018年5月，某公司与职工薪酬有关的情况分别如下：

（1）甲公司按照工资总额的标准分配工资费用，其中：生产工人工资为1 000 000元（160人），车间管理人员工资200 000元（16人），总部管理人员工资为300 000元（20人），专设销售部门人员工资为100 000元（60人），在建工程人员工资为50 000元（10人），内部开发人员工资为350 000元（150人，符合资本化条件）。

（2）根据所在地政府规定，按照工资总额的8%、21%、2%、10%、1%、0.8%计提应由企业负担的医疗保险费、养老保险费、失业保险费、住房公积金、工伤保险和生育保险；按每人5元的标准计提大病统筹。

（3）企业在扣除个人应负担的医疗保险费、养老保险费、失业保险费、住房公积金（比例分别为2%、8%、2%、10%）和个人所得税34 000元后开出转账支票将工资转入职工个人工资卡。

【实训要求】根据以上资料编制相关会计分录。

【实训三】

【实训目的】训练应付职工薪酬的会计核算。

【实训资料】

昌达公司是一家服装加工企业，共有职工238人，其中直接参加生产的职工200人，总部管理人员38人。2018年10月，公司以其生产成本为60元的保暖内衣套装作为中秋节福利发放给全体职工。保暖内衣套装售价为100元，昌达公司适用的增值税税率为16%。

【实训要求】根据以上资料编制相关会计分录。

【实训四】

【实训目的】训练应付职工薪酬的会计核算。

【实训资料】

乙企业下设一所职工食堂，每月根据在岗职工数量及岗位分布情况、相关历史经验数据等计算需要补贴食堂的金额，从而确定企业每期因补贴职工食堂需要承担的福利费金额。2018年9月，企业在岗职工共计200人，其中管理部门30人，生产车间170人，企业的历史经验数据表明，每个职工每月需补贴食堂150元。2018年10月，乙企业支付30 000元补贴给食堂。

【实训要求】 根据以上资料编制相关会计分录。

【实训五】

【实训目的】训练应付职工薪酬的会计核算。

【实训资料】

甲公司为总部各部门经理级别以上职工提供汽车免费使用，同时为副总裁以上高级管理人员每人租赁一套住房。甲公司总部共有部门经理以上职工 20 名，每人提供一辆桑塔纳汽车免费使用，假定每辆桑塔纳汽车每月计提折旧 1 000 元；该公司共有副总裁以上高级管理人员 5 名，公司为其每人租赁一套面积为 200 平方米公寓，月租金为每套 8 000 元。

【实训要求】根据以上资料编制相关会计分录。

五、真账实操演练

任务四　确认、记录应交税费

一、单项选择题

1. 下列各项税金不需要通过"应交税费"科目核算的是（　　）。

A. 车船税　　　　B. 房产税

C. 增值税　　　　D. 印花税

2. 甲公司为增值税一般纳税人。2018 年 4 月发生的销项税额为 100 万元，进项税额为 80 万元，进项税额转出为 10 万元。则甲公司 5 月初缴纳 4 月增值税应编制的会计分录为（　　）万元。

A. 借：应交税费——应交增值税（已交税金）　　20

　　贷：银行存款　　20

B. 借：应交税费——未交增值税　　30

　　贷：银行存款　　30

C. 借：应交税费——预交增值税　　20

　　贷：银行存款　　20

D. 借：应交税费——简易计税　　30

贷：银行存款 30

3. 甲公司为增值税一般纳税人，2018 年 5 月外购一幢办公楼，取得增值税专用发票注明的价款为 10 000 万元，增值税税额为 1 100 万元。甲公司缴纳契税 400 万元。该办公楼经过装修才能使用。甲公司对其进行装修领用本企业外购原材料一批，成本为 100 万元，增值税进项税额为 17 万元。支付装修公司装修费取得增值税专用发票注明的价款为 300 万元，增值税税额为 33 万元。以上款项通过银行转账支付。9 月 1 日办公楼达到预定可使用状态，不考虑其他因素，则对于该项业务下列会计处理正确的是（　　）。

A. 计入固定资产的金额为 10 533 万元

B. 计入应交税费——应交增值税（进项税额）为 1 133 万元

C. 计入应交税费——待抵扣进项税额为 453.2 万元

D. 计入应交税费——应交增值税（进项税额转出）为 6.8 万元

4. 下列各项中，关于增值税纳税人涉及增值税业务核算的说法正确的是（　　）。

A. 小规模纳税人扣缴增值税时通过“应交税费——应交增值税”科目核算

B. 增值税一般纳税人按简易计税方法计算预缴增值税时通过“应交税费——预交增值税”科目核算

C. 增值税一般纳税人进口货物取得海关专用缴款书注明的增值税应记入“应交税费——待抵扣进项税额”科目核算

D. 增值税一般纳税人确认的收入时点早于增值税纳税义务发生时点的，需要在以后确认为销项税额应记入“应交税费——待转销项税额”科目核算

5. 甲公司为增值税一般纳税人，2018 年 5 月 18 日交纳当月 1 至 15 日增值税 10 万元，则下列会计处理正确的是（　　）。

A. 借：应交税费——应交增值税（转出未交增值税） 10
　　贷：应交税费——未交增值税 10

B. 借：应交税费——未交增值税 10
　　贷：银行存款 10

C. 借：应交税费——应交增值税（已交税金） 10
　　贷：银行存款 10

D. 借：应交税费——简易计税 10
　　贷：银行存款 10

6. 甲公司为房地产开发企业，系增值税一般纳税人。2018 年 7 月通过差额征税方式计算当期的进项税额为 1 000 万元，销项税额为 2 100 万元，可抵减的销项税额为 200 万元，则月末账务处理正确的是（　　）。

A. 借：应交税费——应交增值税（转出未交增值税） 1 100
　　贷：应交税费——未交增值税 1 100

B. 借：应交税费——应交增值税（转出未交增值税） 900
　　贷：应交税费——未交增值税 900

C. 借：应交税费——应交增值税（已交税金） 200
　　贷：应交税费——应交税费（转出多交增值税） 200

D. 借：应交税费——应交增值税（销项税额抵减） 200

贷：应交税费——未交增值税　　200

7. 甲公司2018年4月销售自产产品计算应缴纳的增值税为150万元，应交消费税为200万元，应交印花税10万元，应交房产税8万元，应交车船税1万元。甲公司适用的城市维护建设税税率为7%，教育费附加征收率为3%。不考虑其他事项，则甲公司当月应记入“税金及附加”科目的金额为（　　）万元。

A. 254　　B. 404

C. 219　　D. 235

8. 下列有关增值税一般纳税人应纳增值税额的计算，正确的有（　　）。

A. 本期应交增值税 = 当期销售额 × 增值税税率

B. 本期应交增值税 = 当期销售额 × 征收率

C. 本期应交增值税 = 当期销项税额 - 当期进项税额

D. 本期应交增值税 = 当期应纳税所得额 × 增值税税率

9. 某增值税一般纳税企业收购免税农产品一批，按规定买价的10%准予抵扣，购买时实际支付价款86 000元，这一业务使企业“应交税金——应交增值税（进项税额）”账户借方增加（　　）元。

A. 0　　B. 8 600

C. 11 180　　D. 12 851

10. 企业交纳本期应交增值税，应通过（　　）科目核算。

A. 应交税费——未交增值税

B. 应交税费——应交增值税（进项税额）

C. 应交税费——应交增值税（进项税额转出）

D. 应交税费——应交增值税（已交税金）

11. 某工业生产企业为小规模纳税人，本期购入原材料一批，取得增值税专用发票上注明原材料价款为200 000元，增值税额为32 000元；并支付运费1 200元，增值税税额120元，已取得运费增值税专用发票。材料尚未到达，应计入材料采购账户的金额为（　　）元。

A. 201 200　　B. 235 200

C. 218 116　　D. 233 320

12. 增值税小规模纳税人在月份终了，交纳本月应交未交的增值税的会计处理正确的是（　　）。

A. 借记“应交税费——应交增值税”明细科目

B. 借记“应交税费——未交增值税”明细科目

C. 冲减“应交税费——应交增值税（销项税额）”明细科目

D. 借记“应交税费——应交增值税（已交税金）”明细科目

13. 应交消费税的委托加工物资收回后用于连续生产应税消费品的，按规定准予抵扣的由受托方代扣代缴的消费税，应当记入（　　）。

A. 生产成本　　B. 应交税费——应交消费税

C. 主营业务成本　　D. 委托加工物资

14. 某一般纳税人购进免税农产品一批，支付购买价款80万元，增值税扣除率为10%，另发生保险费 1 万元，装卸费 1.4 万元。则该批农产品的采购成本为（　　）万元。

A. 80　　　　B. 74.4

C. 82.4　　　　D. 81

15. 下列各项中，进项税额不需要做转出处理的是（　　）。

A. 将外购的原计划用于产品生产的原材料发放给职工

B. 购进原材料由于管理不善发生非常损失

C. 购进原材料用于生产线建造

D. 将购进的库存商品用于个人消费

16. 某公司购进的原材料因管理不善而毁损，毁损的材料成本为 1 000 元，对应的购进时的增值税进项税额为 170 元。下列会计处理中，正确的是（　　）。

A. 借：待处理财产损溢　　1 170
　　贷：原材料　　1 000
　　　　应交税费——应交增值税（进项税额转出）　　170

B. 借：原材料　　1 170
　　贷：应交税费——应交增值税（进项税额转出）　　170
　　　　待处理财产损溢　　1 000

C. 借：银行存款　　1 170
　　贷：原材料　　1 000
　　　　应交税费——应交增值税（销项税额）　　170

D. 借：应收账款　　1 170
　　贷：原材料　　1 000
　　　　应交税费——应交增值税（销项税额）　　170

17. 甲公司为小规模纳税企业，当月销售体育用品一批，含税价格为 412 万元，增值税征收率为 3%，该批商品应缴纳的增值税为（　　）万元。

A. 12　　　　B. 12.36

C. 68　　　　D. 70.04

18. 乙企业在建工程领用自产柴油一批，成本为 50 000 元，市场价格 60 000 元（不含增值税），应交纳消费税 6 000 元，不考虑其他相关税费，计入“在建工程”科目的金额是（　　）元。

A. 60 200　　　　B. 56 000

C. 76 200　　　　D. 65 600

19. 某企业地处市区，适用的城市维护建设税税率为 7%。2018 年 8 月被税务机关查补增值税 65 000 元、消费税 15 000 元、所得税 36 000 元；还被加收滞纳金 22 000 元、被处罚款 50 000 元。该企业应补缴城市维护建设税（　　）元。

A. 5 600　　　　B. 4 550

C. 8 120　　　　D. 13160

20. 下列税金中，不应计入存货成本的是（　　）。

A. 一般纳税企业进口原材料支付的关税

B. 一般纳税企业购进原材料支付的增值税

C. 小规模纳税企业购进原材料支付的增值税

D. 一般纳税企业进口应税消费品支付的消费税

二、多项选择题

1. 增值税的计征范围有（　　）。

A. 销售货物　　B. 销售房屋

C. 提供加工修理修配劳务　　D. 提供交通运输业劳务

2. 下列属于增值税应税范围的有（　　）。

A. 进口货物　　B. 提供装卸仓储服务

C. 转让商标权　　D. 提供广告及会议服务

3. 下列属于现行一般纳税人增值税税率的有（　　）。

A. 17%　　B. 16%

C. 10%　　D. 6%

4. 一般纳税人设置的“应交税费——应交增值税”多栏式明细账的栏目有（　　）。

A. 销项税额　　B. 进项税额转出

C. 出口退税　　D. 已交税金

5. 下列各项业务中所支付的增值税，按规定能够作为进项税额予以抵扣的有（　　）。

A. 一般纳税人采购生产用原材料，取得的增值税专用发票中注明的增值税税额

B. 一般纳税人采购生产用原材料，取得普通发票上发票金额经价税分解后计算确定的增值税额

C. 一般纳税人购入生产用设备，取得的增值税专用发票中注明的增值税税额

D. 一般纳税人支付委托加工物资的加工费时，取得的增值税专用发票中注明的增值税税额

6. 下列事项发生后，应计入“应交税费——应交增值税（进项税额转出）”科目的有（　　）。

A. 将原材料用于厂房建造　　B. 将原材料用于对外投资

C. 将产成品用于不动产相关设施安装　　D. 已完工产成品发生非正常损失

7. 下列行为，应视同销售应计算增值税销项税额的有（　　）。

A. 将自产或委托加工货物对外捐赠

B. 将自产或委托加工的货物用于发放职工福利

C. 在建工程领用外购材料

D. 将自产或委托加工货物对外投资

8. 下列税金，应计入企业固定资产价值的有（　　）。

A. 房产税　　B. 车船税

C. 车辆购置税　　D. 耕地占用税

9. 下列各项中，增值税一般纳税人和小规模纳税人均可以使用的明细科目有（　　）

A. 应交税费——应交增值税

B. 应交税费——简易计税

C. 应交税费——转让金融商品应交增值税

D. 应交税费——代扣代交增值税

10. 下列各项中，不属于“应交税费——应交增值税”的三级专栏的有（　　）。

A. 未交增值税　　B. 待抵扣进项税额

C. 待转销项税额　　D. 减免税款

11. 下列各项中，应在“税金及附加”科目核算的有（　　）。

A. 工业企业销售应税消费品缴纳的消费税

B. 工业企业销售厂房缴纳的土地增值税

C. 工业企业销售应税矿产品缴纳的资源税

D. 工业企业自用厂房缴纳的房产税

12. 甲公司为增值税一般纳税人，2018 年 3 月当期销项税额为 120 万元，进项税额 88 万元，进项税额转出 2 万元，已交税金 55 万元，则下列会计处不正确的有（　　）。

A. 借：应交税费——应交增值税（转出未交增值税）　34

　　贷：应交税费——未交增值税　34

B. 借：应交税费——应交增值税（转出多交增值税）　55

　　贷：应交税费——未交增值税　55

C. 借：应交税费——未交增值税　21

　　贷：应交税费——应交增值税（转出多交增值税）　21

D. 借：应交税费——未交增值税　55

　　贷：应交税费——应交增值税（转出多交增值税）　55

13. 下列各项中，属于“应交税费——应交增值税”专栏的有（　　）。

A. 销项税额抵减　　B. 进项税额转出

C. 待抵扣进项税额　　D. 简易计税

14. 下列各项中，应计入税金及附加的有（　　）。

A. 车船税　　B. 委托加工物资时由受托方代收代缴的消费税

C. 销售应税产品的资源税　　D. 销售应税消费品应交的消费税

15. 对于增值税一般纳税人企业而言，下列经济业务中应确认增值税销项税额的有（　　）。

A. 将自产产品用于集体福利　　B. 将自产产品对外捐赠

C. 因自然灾害造成的原材料的毁损　　D. 以自产产品对外投资

16. 下列各项中，应通过“应交税费”科目核算的有（　　）。

A. 企业代扣代缴的个人所得税　　B. 企业交纳的消费税

C. 企业缴纳的企业所得税　　D. 企业缴纳的增值税

17. 下列各项视同销售行为中，不需要确认收入的有（　　）。

A. 支付手续费方式受托代销货物

B. 将自产或委托加工的货物对外投资

C. 将自产、委托加工、购买的货物无偿赠送他人

D. 将自产、委托加工或购买的货物分配给股东或投资者

18. 消费税的会计处理，下列表述中正确的有（　　）。

A. 企业销售应税消费品应交纳的消费税应计入税金及附加

B. 在建办公楼领用应税消费品应交的消费税应计入在建工程

C. 进口环节应交的消费税应计入税金及附加

D. 委托加工环节受托方代扣代缴的消费税计入委托加工物资的成本

19. 一般纳税人企业发生的下列各项业务中，属于视同销售行为，要计算增值税销项税额的有（　　）。

A. 将自产的产品用于建造办公楼　　　B. 将自产的产品分配给股东

C. 将外购的材料用于建造厂房　　　D. 将自产的产品用于集体福利

20. 某企业为增值税一般纳税人，下列各项中，能从销项税额中抵扣的进项税额的有（　　）。

A. 从销售方取得的增值税专用发票上注明的增值税额

B. 购进免税农产品准予抵扣的增值税额

C. 从海关取得的完税凭证上注明的增值税额

D. 从税务机关或境内代理人取得的解缴税款的税收缴款凭证上注明的增值税额

21. 下列各项中，增值税一般纳税人需要转出进项税额的有（　　）。

A. 自制产成品用于职工福利

B. 自制产成品用于对外投资

C. 外购的生产用原材料因管理不善发生霉烂变质

D. 外购的生产用原材料改用于个人消费

22. 下列关于消费税的表述，不正确的有（　　）。

A. 凡是缴纳增值税的业务均需缴纳消费税

B. 用于固定资产建造的消费品应将消费税计入相关资产成本中

C. 将自产消费品用于发放职工福利，应将消费税记入“税金及附加”科目，但不确认收入

D. 委托加工物资收回后用于继续生产应税消费品的，由受托方代收代缴的消费税可以抵扣

23. 对小规模纳税企业，下列说法中正确的有（　　）。

A. 小规模纳税企业销售货物或者提供应税劳务，一般情况下，只能开具普通发票，不能开具增值税专用发票

B. 小规模纳税企业销售货物或提供应税劳务，实行简易办法计算应纳税额，按照不含税销售额的一定比例计算征收

C. 小规模纳税企业在“应交增值税”明细科目下应设置“已交税金”等专栏

D. 小规模纳税企业购入货物取得增值税专用发票，其支付的增值税额可计入进项税额，并由销项税额抵扣，而不计入购入货物的成本

24. 下列有关增值税的表述中，正确的有（　　）。

A. 企业交纳当月应交的增值税，应借记“应交税费——应交增值税（已交税金）”科目

B. 企业交纳以前期间未交的增值税，应借记“应交税费——未交增值税”科目

C. 月度终了，企业应当将当月应交未交或多交的增值税自“应交增值税”明细科目转

入“未交增值税”明细科目

D. 月度终了，企业只需将当月应交未交的增值税自“应交增值税”明细科目转入“未交增值税”明细科目

25. 有关企业初次购买增值税税控系统专用设备支付的费用以及缴纳的技术维护费，下列说法正确的有（　　）。

A. 允许在增值税应纳税额中全额抵减

B. 按规定抵减增值税应纳税额时，应冲减财务费用

C. 按规定抵减增值税应纳税额时，一般纳税人应借记“应交税费——应交增值税（减免税款）”科目

D. 按规定抵减增值税应纳税额时，小规模纳税人应借记“应交税费——应交增值税”科目

26. 下列各项中，有关应交土地增值税的账务处理说法正确的有（　　）。

A. 土地增值税是对转让国有土地使用权、地上建筑物及其附着物并取得增值性收入的单位和个人征收的一种税

B. 房地产开发经营企业销售房地产应缴纳的土地增值税，应借记“税金及附加”科目

C. 企业转让的土地使用权连同地上建筑物及其附着物一并在“固定资产”科目核算的，转让时应交的土地增值税，应借记“固定资产清理”科目

D. 企业转让的土地使用权连同地上建筑物及其附着物一并在“固定资产”科目核算的，转让时应交的土地增值税，应借记“税金及附加”科目

三、判断题

1. 某企业为小规模纳税企业，销售产品一批，含税价格206 000元，增值税征收率3%，该批产品应交增值税为6 000元。（　　）

2. 企业购进办公楼建造工程所需物资，支付的增值税税款，应计入“应交税费——应交增值税（进项税额）”科目。（　　）

3. 企业自产产品因管理不善造成变质损失，应视同销售，计算增值税销项税额。（　　）

4. 转让无形资产所有权及使用权都属于增值税应税范围。（　　）

5. 凡属于消费税应税范围的业务，都属于增值税应税范围。（　　）

6. 消费税计征方法有从价定率、从量定额，以及从价定率和从量定额复合计征。（　　）

7. 增值税是价外税，消费税是价内税，但二者都属于流转税。（　　）

8. 企业转让土地使用权应交的土地增值税，土地使用权与地上建筑物及其附着物一并在“固定资产”等科目核算的，应借记“固定资产清理”科目，贷记“应交税费——应交土地增值税”科目。（　　）

9. 企业用应税消费品对外投资取得股权，可对被投资企业产生重大影响的，按规定缴纳的消费税，应计入“长期股权投资”科目。（　　）

10. 企业所交的各种税金，都应通过“应交税费”科目核算。 （ ）

11. 企业应按实际交纳的流转税总额的一定比例计算交纳应交的教育费附加。 （ ）

12. 对外销售的应税产品应缴纳的资源税计入“税金及附加”科目，自产自用应税产品应该缴纳的资源税应计入“生产成本”或“制造费用”等科目中。 （ ）

13. 视同销售的情况下，需要确认收入并确认销项税额。 （ ）

14. 对于小规模纳税企业来说，不需要在“应交增值税”明细科目中设置专栏。

（ ）

15. 企业购进的货物发生非常损失，以及将购进货物改变用途的（如用于非应税项目、集体福利或个人消费等），其进项税额应通过“应交税费——应交增值税（进项税额转出）”科目核算。 （ ）

16. “待转销项税额”明细科目核算一般纳税人销售货物、加工修理修配劳务、服务、无形资产或不动产，已确认相关收入（或利得）但尚未发生增值税纳税义务而需于以后期间确认为销项税额的增值税额。 （ ）

17. 小微企业在取得销售收入时，应当按照现行增值税制度的规定计算应交增值税，并确认为应交税费，在达到增值税制度规定的免征增值税条件时，将有关应交增值税转入当期损益。 （ ）

四、应用能力训练

【实训一】

【实训目的】 训练应交税费的会计核算。

【实训资料】 某一般纳税人购进免税农产品一批，以银行存款支付购买价款 80 万元，增值税扣除率为 10%，另外发生运费 1 万元，装卸费 1.4 万元，运费增值税税率为 10%，装卸费增值税税率为 6%。

【实训要求】 计算该批农产品的采购成本。

【实训二】

【实训目的】 训练应交税费的会计核算。

【实训资料】 某增值税一般纳税企业因仓库长时间潮湿，仓储部门未能及时发现并处理导致一批库存材料霉烂变质，该批原材料实际成本为 20 000 元，收回残料价值 900 元，保险公司赔偿 11 500 元，该企业购入材料的增值税税率为 16%。

【实训要求】 计算该批材料造成的非常损失净额。

【实训三】

【实训目的】 训练应交税费的会计核算。

【实训资料】 某企业为一般纳税人，本月发生如下经济业务：

（1）购入甲材料一批，增值税专用发票上注明的原材料价款为 50 000 元，增值税为 8 000 元，供货方代垫运费 4 000 元，增值税 400 元；材料已验收入库，货款尚未支付。

（2）从 A 企业（小规模纳税人）购入乙材料一批，价款为 23 200 元，材料已到达并验收入库。开出为期2个月的商业承兑汇票一张。

（3）购置生产用机器设备一台，发票上注明的价款为60 000元，增值税为9 600元，安装费为1 800元，以转账支票付讫。

（4）因洪灾毁损原材料10 000元，增值税为1 600元。

（5）销售产品一批，价款为200 000元，增值税为32 000元，开出增值税专用发票，款项收存银行。

（6）在建工程领用生产用原材料一批，价款为8 000元，增值税为1 280元。

（7）接收H公司投资转入的原材料一批，价款为7 000元，增值税为1 120元，取得H公司开来的增值税专用发票。

（8）企业出售一项商标权，取得收入200 000元，商标权账面原值250 000元，计提累计摊销为100 000元，未计提无形资产减值准备，增值税税率为6%，价款收存银行，出售商标权已办妥手续。

【实训要求】

（1）根据以上业务，编制会计分录。

（2）假设该企业上月无留抵的进项税额，计算当月应交增值税，并编制月末结转的会计分录。

【实训四】

【实训目的】训练应交税费的会计核算。

【实训资料】某企业为小规模纳税人，本月发生如下经济业务：

（1）购入A材料，专用发票上注明的买价为60 000元，增值税额为9 600元，材料已到达并验收入库，款项尚未支付。

（2）销售产品一批，开出普通发票，含税价款为61 800元，款已收存银行。

（3）以银行存款缴纳本月应交增值税。

【实训要求】根据以上业务作出相应会计处理。

【实训五】

【实训目的】训练应交税费的会计核算。

【实训资料】信科公司有关增值税、消费税的经济业务如下：

（1）信科公司为增值税一般纳税人，2018年2月1日，信科公司外购一栋办公楼，取得增值税专用发票注明的价款8000万元，增值税税额为880万元，支付契税350万元，款项已全部支付。

（2）6月30日，信科公司与甲公司签订和赁协议，将一台闲置设备出租给甲公司，年租金为278.4万元（含税，税率为16%），租赁期为2年，已预收一年租金278.4万存入银行。

（3）信科公司委托外单位加工的材料一批，发出原材料实际成本60 000元，以存款支付加工费5 700元，增值税969元，受托方代扣代缴消费税7 300元，收回的加工材料用于继续生产应税消费品。

（4）信科公司销售产品（消费税应税产品）取得销售收入800 000元，增值税税率

16%，价款收存银行。计算结转本月销售产品应交的消费税，消费税税率 10%。

【实训要求】 编制有关的会计分录。

【实训六】

【实训目的】训练应交税费的会计核算。

【实训资料】某企业本月份发生有关经济业务如下：

（1）购置企业生产经营用汽车一辆，买价 280 000 元，增值税为 47 600 元，相关费用 10 000 元，均以存款支付，另以存款交纳车辆购置税 25 641 元。

（2）对外转让一栋厂房，根据税法规定计算的应交土地增值税为 15 000 元。

（3）以现金一次性购买印花税票 1260 元。

（4）计算全年应交的房产税 3 600 元，并用银行存款支付。

（5）企业本月实际应交增值税 600 000 元，消费税 50 000 元，城市维护建设税税率 7%，教育费附加征收率为 3%。计算企业本月应交的城市维护建设税和教育费附加。

【实训要求】编制有关的会计分录。

【实训七】

【实训目的】训练应交税费的会计核算。

【实训资料】

长江公司为增值税一般纳税人，增值税税率为 16%，消费税税率为 10%。2018 年 12 月 31 日“应交税费——应交增值税”科目借方余额为 18 万元，该借方余额可用下月的销项税额抵扣。材料按实际成本核算。2019 年 1 月发生如下业务：

（1）从甲公司购入生产用的 A 原材料一批，取得的增值税专用发票上注明的材料价款为 500 万元，增值税税款为 80 万元，货款已经支付。在购入材料过程中向铁路部门支付运费 5 万元，增值税税款为 0.5 万元。A 原材料已到达并验收入库。

（2）用 A 原材料对乙公司投资。该批材料的实际成本为 50 万元，经协议，以作价 60 万元的 A 材料换取乙公司 8% 的股权。长江公司取得乙股权后，对乙公司无控制、共同控制及重大影响。有关资产转让及产权登记手续已办理完毕。假设该批原材料的计税价格也为 60 万元。

（3）销售应税消费品 B 产品一批，不含增值税的销售价格为 800 万元，实际成本为 680 万元，提货单和增值税专用发票已交购货方，货款尚未收到。该销售已符合收入确认条件。

（4）本期建造厂房领用生产用 A 原材料 40 万元，其购入时支付的增值税为 6.4 万元。该工程同时又领用本公司生产的应税消费品 B 产品，该产品实际成本 75 万元（进项税额 8 万元），计税价格 90 万元。

（5）一批将自产应税消费品 B 产品发放给生产工人作为节日福利，该批产品实际成本为 80 万元，计税价格为 96 万元，产品已发放完毕。

（6）收回委托加工的 C 原料一批并验收入库，C 原料系消费税的应税物品。该委托加工材料系上月发出，发出原材料的成本为 15.2 万元。本期收回时以银行存款支付受托加工企业加工费 2.8 万元（不含增值税），同时支付其代收代缴的消费税，但受托加工企业无与 C 原材料同类的物品。收回委托加工的 C 原料用于生产应税产品 B 产品。

【实训要求】

（1）根据上述资料编制长江公司有关经济业务的会计分录（不考虑除增值税、消费税以外的其他税费）。

（2）计算本月应交增值税额和应交消费税。

【实训八】

【实训目的】训练应交税费的会计核算。

【实训资料】甲公司是一般纳税人，主营产品生产与销售，基本税率16%，2018年12月发生如下业务（全部用银行存款收付）：

（1）5日入库原材料一批，收到增值税专用发票1份，不含税金额200万元，税额32万元，已经认证；

（2）6日入库原材料一批，不含税金额100万元，税额16万元，同时收到海关代扣增值税缴款书，海关缴款书已经申请稽核但尚未取得稽核相符结果；

（3）8日申报缴纳上月增值税29万元，城建税2.03万元，教育费附加1.45万元；

（4）10日，海关缴款书稽核相符；

（5）15日购买用于职工食堂的设备一台，收到增值税专用发票1份，不含税金额1万元，税额0. 16万元，已经认证。

（6）17日购入一套写字间，取得增值税专用发票，价款1 000万元，增值税额100万元。

（7）18日企业对厂房进行改建，领用已抵扣进项税额的原材料5万元作为装修材料（该装修材料已抵扣增值税0. 85万元）。

（8）20购入一批原材料，协议规定价格116万元（含税），材料已于当月验收入库，但尚未取得发票，也未付款。

（9）20日销售产品800万元，增值税128万元。

（10）22日处置一台小轿车，该车系该企业于2008年1月购入，原值100 000元，已计提折旧80 000元，处置价10 300元，

（11）23日将一批自产饮料发给职工作为防暑降温费，饮料市场价10万元，成本8万元，其中：生产工人50%，车间主任10%，厂部管理人员40%。

（12）25日销售以前在公开市场购入恒大地产股票10万股（成本100万元，公允价值变动5万元），售价每股15元，假设不考虑其他因素。

（13）购入国外企业的专利权，价税合计106万元，由本企业代扣代缴增值税。

（14）27日将一幢2015年4月取得的厂房对外进行经营出租，选择的简易征收方式。于当日收到2018年房租10万元（每月1万元，含税），并给承租方开具了全额增值税专用发票。

（15）把20日购入的原材料估价入账。

（16）28日结转本月应交未交的增值税、计提应交的城建税、教育费附加。

【实训要求】写出相关会计分录。

五、真账实操演练

扫一扫

“学过”区块课真账实操

任务五 确认、记录其他流动负债

一、单项选择题

1. 下列事项中不记入“其他应付款”科目的是（　　）。
A. 无力支付到期的银行承兑汇票
B. 销售商品收取的包装物押金
C. 应付租入包装物的租金
D. 应付经营租赁固定资产租金

二、多项选择题

1. 下列项目，属于其他应付款核算范围的有（　　）。
A. 职工未按期领取的工资　　B. 应付经营租入固定资产租金
C. 应付的客户存入保证金　　D. 代扣应交由职工个人负担的社会保险费
2. 下列各项中，计入其他应付款的有（　　）。
A. 根据法院判决应支付的合同违约金　　B. 租入包装物应支付的租金
C. 根据购销合同预收的货款　　D. 租入包装物支付的押金

三、判断题

1. 董事会通过的拟分配现金股利和股票股利方案时，应贷记“应付股利”科目。（　　）

2. 企业股东大会通过的利润分配方案中拟分配的现金股利和利润，企业不需要进行账务处理。（　　）

3. 企业宣告发放的现金股利和股票股利，均应通过“应付股利”科目核算。（ ）

4. 企业股东大会审议批准的利润分配方案中应分配的现金股利，在支付前不作账务处理，但应在报表附注中披露。（ ）

5. 经股东大会批准，企业对外宣告分配现金股利时，应借记“利润分配——应付现金股利”科目，贷记“应付股利”科目；但是对外宣告发放股票股利时，则不需要通过“应付股利”科目核算。（ ）

四、应用能力训练

【实训一】

【实训目的】训练其他应付款的会计核算。

【实训资料】甲公司向乙公司租入生产用设备一台，租期 6 个月，月租金 2 000 元，增值税税率为 16%，到期一次支付租金，并取得乙公司所开具的增值税专用发票。

【实训要求】编制甲公司月末计提租金费用及到期支付租金的会计分录。

【实训二】

【实训目的】训练应付股利的会计核算。

【实训资料】甲公司 2018 年年初未分配利润 20 万元，年末实现净利润 260 万元，股东代表大会批准的利润分配方案决定：按净利润的 10% 提取法定盈余公积金；按 20% 提取任意盈余公积金；同时决定分配现金股利 120 万元。

【实训要求】 编制有关的会计分录。

项目十 *Project 10*

记录非流动负债　明确长期义务

任务一　确认、记录长期借款

一、单项选择题

1. 企业每期期末计提一次还本息的长期借款利息，对其中应当予以资本化的部分，下列会计处理正确的是（　　）。

A. 借记“财务费用”科目，贷记“长期借款”科目

B. 借记“财务费用”科目，贷记“应付利息”科目

C. 借记“在建工程”科目，贷记“长期借款”科目

D. 借记“在建工程”科目，贷记“应付利息”科目

2. 某企业 2018 年 1 月 1 日向银行借入 1 000 万元，借款利率为 8%，借款期限为 3 年，每年年末偿还借款利息。该项借款全额用于建造厂房，厂房于 2018 年 1 月 1 日开工，2019 年 3 月 31 日完工，并办理了竣工结算手续，则该厂房的入账价值为（　　）万元。

A. 1 020　　　　B. 1 160

C. 1 100　　　　D. 1 240

二、多项选择题

1. 下列关于长期借款的表述中，正确的有（　　）。

A. 在生产经营期间，达到预定可使用状态后，不符合资本化条件的利息支出应计入财务费用

B. 一次还本付息的，计提的利息应记入“长期借款——应计利息”科目

C. 筹建期间，不符合资本化条件的利息计入财务费用

D. 分期付息的，计提的利息计入应付利息

2. 各项中，关于长期借款利息费用会计处理表述正确的有（　　）。

A. 筹建期间不符合资本化条件的借款利息费用计入管理费用

B. 生产经营期间不符合资本化条件的借款利息计入财务费用

C. 为购建固定资产发生的符合资本化条件的借款利息费用计入在建工程

D. 为购建厂房发生的借款利息费用在所建厂房达到预定可使用状态后的部分计入管理费用

3. 下列各项目属于非流动负债的有（　　）。

A. 应付债券　　B. 长期借款

C. 长期应付款　　D. 应付账款

三、判断题

1. 非流动负债是指偿还期限在一年或超过一年的一个营业周期以上的债务，所以超过一年未偿还的应付账款、短期借款等也应列为非流动负债。（　　）

2. 企业为购建固定资产而取得专门借款所发生的长期负债费用，应予以资本化，列入固定资产购建成本。（　　）

3. 企业将于一年内到期的非流动负债，按照规定，在资产负债表中应作为流动负债反映。（　　）

四、应用能力训练

【实训目的】训练长期借款的会计核算。

【实训资料】

某公司为新建生产线，于2018年1月1日向中国银行市分行取得3年期借款60万元，款划存银行存款户；年利率6%，每年年末支付借款利息；该企业取得借款后将其款项一次性全部投入工程，各年利息均于年末以存款支付，借款和最后一期利息在借款到期时以银行存款偿清。工程于2018年1月1日开工，至2019年9月30日完工，并达到预定可使用状态。

【实训要求】试编制借款取得、使用、年末计息、年末付息、工程竣工达到预定可使用状态、到期归还本金及最后一期利息的会计分录。

任务二　确认、记录应付债券

一、单项选择题

1. 2018年10月1日，甲公司按面值发行债券10 000 000元，并用来建造厂房，债券期限为 3 年，到期一次还本付息，票面利率与实际利率均为 6%。厂房建造于 2018 年初开工，2018 年 12 月 31 日尚未完工，甲公司 2018 年 12 月 31 日应编制的会计分录为（　　）。

A. 借：财务费用　　150 000
　　贷：应付利息　　150 000

B. 借：财务费用　　600 000
　　贷：应付债券　　600 000

C. 借：在建工程　　600 000
　　贷：应付债券　　600 000

D. 借：在建工程　　150 000
　　贷：应付债券　　150 000

2. 2018 年 7 月 1 日，甲公司为扩大生产按面值发行 3 年期、到期一次还本付息、票面利率为 5%（不计复利）的债券，该债券已于当日全部售出，其面值为 1 000 万元，票面利率等于实际利率，2018 年 12 月 31 日应付债券的账面余额为（　　）万元。

A. 1 000　　B. 975

C. 1 050　　D. 1 025

3. 就发行债券的企业而言，所获得的债券溢价收入实质是（　　）。

A. 为以后少付利息而付出的代价　　B. 为以后多付利息而得到的补偿

C. 为以后少得利息而得到的补偿　　D. 债券发行费用

4. 溢价发行债券是债券的票面利率（　　）市场利率。

A. 低于　　B. 高于

C. 等于　　D. 无关于

5. 某企业于 2018 年 1 月 1 日发行 4 年期企业债券 1 000 000 元，实际收到发行价款 952 520 元。该债券票面年利率为 5%，实际利率为 6%，到期一次还本付息。2018 年该企业对于该债券应确认的财务费用为（　　）元。

A. 57 151.2　　B. 60 000

C. 57 031.2　　D. 47 526

二、多项选择题

1.“应付债券”账户贷方反映的内容有（　　）。

A. 债券的面值

B. 债券发行时产生的债券溢价

C. 到期一次还本付息的债券期末计提的债券利息

D. 债券发行时产生的债券折价

2.“应付债券”账户应设置的明细账户包括（　　）。

A. 面值　　B. 利息调整

C. 债券损益　　D. 应计利息

三、判断题

1. 当债券票面利率高于发行时的市场利率，债券会溢价发行；反之，债券会折价发行。
（　　）

2. 债券发行企业发行债券，因溢价多得的收入，实质上是在债券到期前对企业各期多付利息的一种补偿，也是对债券利息费用的一项调整。（　　）

四、应用能力训练

【实训一】

【实训目的】训练应付债券的会计核算。

【实训资料】A企业于2016年7月1日发行三年期、到期一次还本付息、年利率为8%（不计复利）、发行面值总额为4 000万元的债券，实际利率为8%，该债券按面值发行。A企业发行债券所筹资金全部用于建造固定资产，至2018年12月31日工程已完工，建造期间发生的利息费用全部符合资本化的条件。2019年7月1日，A企业偿还债券本金和利息。

【实训要求】编制相应的会计分录。

【实训二】

【实训目的】训练应付债券的会计核算。

【实训资料】甲公司2016年1月1日发行3年期面值为100万元、票面利率为8%、到期一次还本付息的企业债券，实际利率为5.367%，实际发行价格为106万元。所筹集到的资金全部用于生产经营活动，2019年1月1日到期偿还本金和利息。

【实训要求】试作出相应的会计分录（假设不考虑发行费用）。

【实训三】

【实训目的】训练应付债券的会计核算。

【实训资料】甲公司2016年1月1日发行3年期面值为100万元、票面利率为8%、到期一次还本每年年初支付利息的企业债券，实际利率为10%，发行价格为95万元；2019年1月1日到期偿还本金及最后一期的利息。

【实训要求】试作出相应的会计分录（假设不考虑发行费用）。

任务三　确认、记录其他长期负债

一、单项选择题

1. 2018 年 1 月 1 日，甲公司采用分期付款方式购入大型设备一套，当日投入使用。合同约定的价款为 2 700 万元，分 3 年等额支付；该分期支付购买价款的现值为 2 430 万元。假定不考虑其他因素，甲公司该设备的入账价值为（　　）万元。

A. 810　　　　B. 2 430

C. 900　　　　D. 2 700

2. 甲企业以融资租赁方式租入 N 设备，该设备的公允价值为 100 万元，最低租赁付款额的现值为 110 万元，甲企业在租赁谈判和签订租赁合同过程中发生手续费、律师费等合计为 2 万元。甲企业该项融资租入固定资产的入账价值为（　　）万元。

A. 102　　　　B. 112

C. 100　　　　D. 110

二、多项选择题

1. 下列不属于长期应付款核算内容的是（　　）。

A. 以分期付款方式购入固定资产、无形资产等发生的应付款项

B. 应付经营租入固定资产的租赁费

C. 应交的城市维护建设税

D. 尚未支付的购入原材料价款

2. “长期应付款”科目核算的内容主要有（　　）。

A. 应付经营租入固定资产的租赁费

B. 以补偿贸易形式引进设备款

C. 应付融资租入固定资产的租赁费

D. 无法支付的应付账款

3. 下列各项中，应计入长期应付款的有（　　）。

A. 应付融资租入固定资产的租赁费

B. 因债权人单位撤销而长期无法支付的应付账款

C. 具有融资性质的分期付款方式购入固定资产的应付款项

D. 应付租入包装物租金

4. 下列各项中，应计入长期应付款的有（　　）。

A. 应付租入包装物租金

B. 具有融资性质的分期付款方式购入固定资产的应付款项

C. 因债权人单位撤销而长期无法支付的应付账款

D. 应付融资租入固定资产的租赁费

三、判断题

1. 企业在计算最低租赁付款额的现值时，不能取得出租人租赁内含利率的，应当采用租赁合同规定的利率作为折现率。（　　）

2. 企业购入不需要安装的生产设备，购买价款超过正常信用条件延期支付，实质具有融资性质的，应当以购买价款的现值为基础确定其成本。（　　）

任务四　确认、记录借款费用

一、单项选择题

1. 如果企业的长期借款属于筹建期间，且不符合资本化条件，则其利息费用应计入的科目是（　　）。

A. 管理费用　　B. 长期待摊费用

C. 财务费用　　D. 在建工程

2. 下列应付利息支出，应予以资本化的是（　　）。

A. 为生产经营活动而发生的长期借款利息

B. 短期借款利息

C. 可直接归属于符合资本化条件的资产的购建或者生产的借款利息

D. 清算期间发生的长期借款利息

3. 下列导致固定资产建造中断时间连续超过 3 个月的事项，不应暂停借款费用资本化的是（　　）。

A. 劳务纠纷　　B. 安全事故

C. 资金周转困难　　D. 可预测的气候影响

二、多项选择题

1 下列对长期借款利息费用的处理，正确的有（　　）。

A. 筹建期间不符合资本化条件的借款利息应直接计入管理费用

B. 筹建期间符合资本化条件的利息费用计入相关资产的成本

C. 生产经营期间的不符合资本化条件的借款费用计入财务费用

D. 生产经营期间符合资本化条件的借款利息计入相关资产成本

2. 下列关于长期借款的利息说法正确的有（　　）。

A. 购建固定资产符合条件的利息应记入“在建工程”

B. 生产经营用借款利息记入“制造费用”

C. 自行开发无形资产符合资本化条件的记入“研发支出”

D. 筹建期不符合资本化条件的记入“管理费用”

3. 下列各项中，属于借款费用的有（　　）。

A. 银行借款的利息　　B. 债券溢价的摊销

C. 债券折价的摊销　　D. 发行股票的手续费

4. 下列项目中，属于借款费用可予资本化的资产范围的有（　　）。

A. 经过相当长时间的购建达到预定可使用状态的投资性房地产

B. 需要经过相当长时间的生产活动才能达到可销售状态的存货

C. 经营性租赁租入的生产设备

D. 经过 2 年的建造可达到预定可使用状态的生产设备

三、判断题

1. 企业每一会计期间的利息资本化金额不应当超过当期相关借款实际发生的利息金额。（　　）

2. 在借款费用资本化期间内，建造资产的累计支出金额未超过专门借款金额的，发生的专门借款利息扣除该期间与专门借款相关的收益后的金额，应当计入所建造资产成本。（　　）

四、应用能力训练

【实训一】

【实训目的】训练借款费用的会计核算。

【实训资料】A 公司为建造厂房于 2018 年 4 月 1 日从银行借入 4 000 万元专门借款，借款期限为 2 年，年利率为 6%，不考虑借款手续费。该项专门借款在银行的存款年利率为 3%，2018 年 7 月 1 日，A 公司采取出包方式委托 B 公司为其建造该厂房，并预付了 2 000 万元工程款，厂房实体建造工作于当日开始，预计工程建造期为 2 年。该工程因发生施工安全事故在 2018 年 8 月 1 日至 11 月 30 日中断施工，2018 年 12 月 1 日恢复正常施工，至年末工程尚未完工。

【实训要求】该项厂房建造工程在 2018 年度应予资本化的利息金额。

【实训二】

【实训目的】训练借款费用的会计核算。

【实训资料】甲公司 2018 年 1 月 1 日发行面值总额为 10 000 万元的一般公司债券，取得的款项专门用于建造厂房。该债券系分期付息、到期还本债券，期限为 4 年，票面年利率为

10%，每年12月31日支付当年利息。该债券实际年利率为8%。债券发行价格总额为10 662.10万元，款项已存入银行。厂房于2018年1月1日开工建造，2018年度累计发生建造工程支出4 600万元。经批准，当年甲公司将尚未使用的债券资金投资于国债，取得投资收益760万元。至2018年12月31日工程尚未完工。

【实训要求】该在建工程2018年年末账面余额。

【实训三】

【实训目的】训练借款费用的会计核算。

【实训资料】

甲公司2018年度发生的与一栋办公楼有关的业务资料如下：

（1）2018年1月1日，甲公司与乙公司签订合同，委托乙公司为其建造一栋办公楼。合同约定，该办公楼的总造价为5 000万元，建造期为12个月，甲公司于2018年1月1日向乙公司预付20%的工程款，7月1日和12月31日分别根据工程进度与乙公司进行工程款结算。

（2）2018年1月1日，为建造该办公楼，甲公司向银行专门借款2 000万元，期限为2年，合同年利率与实际年利率均为8%，每年利息于次年1月1日支付，到期一次还本。专门借款中尚未动用部分全部存入银行，年利率1%，假定甲公司每年年末计提借款利息费用，存贷款利息全年按360天计算，每月按30天计算。

（3）2018年1月1日，该办公楼的建造活动正式开始，甲公司通过银行向乙公司预付工程款1 000万元；7月1日，甲公司根据完工进度与乙公司结算上半年工程款2 250万元，扣除全部预付工程款后，余款以银行存款支付给乙公司。

（4）2018年12月31日，该办公楼如期完工，达到预定可使用状态并于当日投入使用，甲公司以银行存款向乙公司支付工程款2 750万元。该办公楼预计使用年限为50年，预计净残值为155万元，采用年限平均法计提折旧。

【实训要求】

1. 根据资料（3），编制甲公司2018年1月1日预付工程款和2018年7月1日与乙公司结算工程款的会计分录。

2. 根据资料（1）~（4），计算甲公司2018年专门借款利息应予资本化的金额，并编制相应的会计分录。

3. 根据资料（4），计算甲公司2018年12月31日该办公楼完工后作为固定资产入账的金额以及2019年度应计提折旧的金额。

项目十一 *Project 11*

记录投入资本　核算留存收益

任务一　认知所有者权益及企业形式

一、单项选择题

1. 下列各项中，不属于所有者权益的是（　　）。

A. 盈余公积　　　　B. 未实现融资收益

C. 未分配利润　　　　D. 资本公积

2. 企业所有者权益在数量上等于（　　）。

A. 企业流动负债减长期负债后的差额　　B. 企业流动资产减流动负债后的差额

C. 企业长期负债减流动负债后的差额　　D. 企业全部资产减全部负债后的差额

3. 甲、乙两家公司与杨某、张某拟共同出资设立一注册资本为400万元的有限责任公司。四位股东的下列非货币财产出资中，符合公司法律制度规定的是（　　）。

A. 甲公司以其商誉作价50万元出资

B. 乙公司以其特许经营权作价100万元出资

C. 张某以其非专利技术作价100万元出资

D. 杨某以其劳务作价50万元出资

4. 下列各项中，不属于企业所得税纳税人的是（　　）。

A. 在外国成立但实际管理机构在中国境内的企业

B. 在中国境内成立的一人有限责任公司

C. 在中国境内成立的个人独资企业

D. 在中国境内未设立机构、场所，但有来源于中国境内所得的企业

5. 以下不具有法人资格的企业是（　　）。

A. 有限责任公司　　　　B. 个人独资企业

C. 国有独资公司　　　　D. 中外合资经营企业

二、多项选择题

1. 下列各项中，属于所有者权益的是（　　）。

A. 资本溢价　　B. 计提的盈余公积

C. 投资者投入的资本　　D. 其他综合收益

2. 下列关于有限责任公司股东出资方式的表述中，不符合公司法律制度规定的是（　　）。

A. 以商誉作价出资　　B. 以劳务作价出资

C. 以特许经营权作价出资　　D. 以土地使用权作价出资

3. A、B、C 三人设立甲公司，注册资本为 300 万元，三人各自认缴的出资额均为 100 万元，BC 均如实缴纳了出资，A 只缴纳了 10 万元，公司成立一段时间后，D、E 加入该公司成为新股东，至当年年底，甲公司经营状况良好。之后 A 将自己所持有的甲公司股份以 30 万元的价格卖给了 F，F 明知 A 未足额交付出资仍受让了该股份，三年后甲公司经营亏损，公司资产只有 500 万元，但却欠下了乙公司 700 万元债务，根据公司法的规定，下列说法中正确的有（　　）。

A. 甲公司可要求 A 履行出资义务，F 承担连带责任

B. 乙公司可要求 A 对甲公司债务不能清偿部分承担无限连带责任

C. 乙公司可要求股东 B、C 与 A 承担连带责任

D. 乙公司可要求 F 与 A 承担连带责任

4. 根据《个人独资企业法》的规定，下列各项中，可以用作个人独资企业名称的有（　　）。

A. 云滇针织品有限公司　　B. 昆海化妆品经销公司

C. 樱园服装设计中心　　D. 霞光婚纱摄影工作室

5. 企业实收资本增加的途径主要有（　　）。

A. 投资者投入　　B. 盈余公积转增

C. 资本公积转增　　D. 银行借入

三、判断题

1. 注册会计师甲、乙、丙共同出资设立一合伙制会计师事务所。甲、乙在某次审计业务中，因出具虚假审计报告造成会计师事务所债务 80 万元。对该笔债务，甲、乙应承担无限连带责任，丙应以其在会计师事务所中的财产份额为限承担责任。（　　）

2. 公司制企业的主要组织形式是有限责任公司和股份有限公司。（　　）

3. 有限公司不对外发行股票，注册资本以实缴资本确定。（　　）

4. 个人独资企业财产不足以清偿债务的，投资人应当以其个人的其他财产予以清偿。（　　）

5. 根据公司法的相关规定，有限责任公司经公司登记机关依法登记，领取《企业法人营业执照》，方取得企业法人资格，营业执照的领取日期为公司的成立日期。（　　）

任务二　确认、记录企业的投入资本

一、单项选择题

1. 甲、乙有限责任公司均为增值税一般纳税人，适用的增值税税率为16%，甲公司接受乙公司投资转入的原材料一批，账面价值100 000元，投资协议约定的价值120 000元，假定投资协议约定的价值与公允价值相符，该项投资没有产生资本溢价。甲公司实收资本应增加（　　）元。

A. 100 000　　B. 116 000

C. 120 000　　D. 139 200

2. 甲、乙有限责任公司均为增值税一般纳税人，适用的增值税税率为16%，甲公司接受乙公司投资转入的原材料一批，账面价值100 000元，投资协议约定的价值120 000元，假定投资协议约定的价值与公允价值相符，投资后乙公司占实收资本的份额为11万元，则资本溢价为（　　）元。

A. 29 200　　B. 6 000

C. 10 000　　D. －10 000

3. 股份有限公司发行股票的溢价收入应计入（　　）。

A. 资本公积　　B. 实收资本

C. 营业外收入　　D. 盈余公积

4. 股份有限公司溢价发行股票所支付的手续费，应首先（　　）。

A. 在溢价收入中支付　　B. 计入长期待摊费用

C. 由发起人负担　　D. 计入财务费用

5. 甲股份有限公司以银行存款回购本公司股票时，应借记的会计科目是（　　）。

A. 股本　　B. 资本公积

C. 库存股　　D. 银行存款

6. 某股份有限公司依法采用收购本公司股票方式减资。如果回购股票支付的价款低于股票面值总额的，所注销库存股账面余额与所冲减股本的差额应贷记的会计科目是（　　）。

A. 利润分配——未分配利润　　B. 盈余公积

C. 资本公积　　D. 营业外收入

7. 企业根据有关规定用资本公积增资，应借记“资本公积”科目，贷记（　　）科目。

A. 实收资本　　B. 盈余公积

C. 未分配利润　　D. 银行存款

8. 2018 年 4 月 30 日，甲公司股本 5 000 万元（面值每股 1 元），资本公积（股本溢价）400 万元，盈余公积 1 500 万元，甲公司回购 1 000 万股股票注销，以每股 1.5 元回购，不考虑其他因素，注销股本的正确分录是（　　）。

A. 借：股本　　1 500
　　贷：库存股　　1 500

B. 借：资本公积　　1 500
　　贷：库存股　　1 500

C. 借：股本　　1 000
　　资本公积　　400
　　盈余公积　　100
　　贷：库存股　　1 500

D. 借：股本　　1 000
　　资本公积　　500
　　贷：库存股　　1 500

9. 某股份有限公司首次公开发行普通股 500 万股。每股面值 1 元，发行价格 6 元，相关手续费和佣金共计 95 万元（不考虑增值税）。不考虑其他因素，该公司发行股票应计入“资本公积”的金额为（　　）万元。

A. 2905　　B. 2405

C. 2500　　D. 3000

10. 下列各项中，关于股份公司溢价发行股票的相关会计处理表述正确的是（　　）。

A. 发行股票溢价计入盈余公积　　B. 发行股票相关的印花税计入股票成本

C. 发行股票相关的手续费应从溢价中抵扣　　D. 发行股票取得的款项全部计入股本

二、多项选择题

1. 下列各项，会影响企业资本公积总额的有（　　）。

A. 转销无法支付的应付账款

B. 接受固定资产捐赠

C. 经股东大会批准将资本公积转增资本

D. 增资扩股发行股票时股票溢价高于发行费用

2. 下列各项中，应计入资本公积的有（　　）。

A. 注销的库存股账面余额低于所冲减股本的差额

B. 投资者超额缴入的资本

C. 交易性金融资产发生的公允价值变动

D. 采用公允价值计量的投资性房地产发生的公允价值变动

3. 下列各项中，会导致企业实收资本增加的有（　　）。

A. 盈余公积转增资本　　B. 接受非流动资产捐赠

C. 资本公积转增资本　　D. 接受投资者追加投资

4. 下列各项中，会导致企业实收资本增加的有（　　）。

A. 盈余公积转增资本　　B. 接受投资者追加投资

C. 资本公积转增资本　　D. 接受非流动资产捐赠

5. 下列各项中，会引起资本公积发生增减变动的有（　　）。

A. 接受社会捐赠非流动资产

B. 资产负债表日交易性金融资产的公允价值变动

C. 溢价发行股票（不考虑发行的手续费）

D. 资本公积转增资本

6. 所有者权益的来源包括（　　）。

A. 投资者投入企业的资本

B. 投资者投入企业的资本超过注册资本中所占份额的部分

C. 企业按照法律规定在税后利润中提取的法定公积金和任意公积金

D. 未分配利润

三、判断题

1. 企业接受投资者以非现金资产投资时，应按该资产的账面价值入账。（　　）

2. 资本公积经批准后可用于派发股利。（　　）

3. 企业接受的机器设备投资，其增值税额不能计入实收资本。（　　）

4. 公司按面值发行股票时，发生的相关交易费用冲减“资本公积——其他资本公积”科目。（　　）

5. 当企业的投资者投入的资本高于其在注册资本中所占的份额时，应将高出部分计入营业外收入。（　　）

6. 除投资合同或协议约定价值不公允的以外，企业接受投资者作为资本投入的固定资产，应按投资合同或协议的约定价值确定其入账价值。（　　）

7. 在我国，若资本市场不景气，企业为了筹措资金，可采用折价发行股票的方式。（　　）

8. 有限责任公司以资本公积转增资本，应当按照原出资者各自出资比例相应增加各出资者的出资金额。（　　）

9. 由于所有者权益和负债都是对企业资产的要求权，都属于权益范畴。（　　）

10. 资本公积的形成，一般情况下与企业净利润无关。（　　）

四、应用能力训练

【实训一】

【实训目的】 练习接受投资业务的操作。

【实训资料】 江苏环宇公司原由投资者 A 和投资者 B 共同出资成立，每人出资 20 万元，各占 50% 的股份。经营两年后，投资者 A 和投资者 B 决定增加公司资本，此时有一新的投资者 C 要求加入甲公司经有关部门批准后，甲公司实施增资，将实收资本增加到 90 万元。经三方协商，一致同意，完成下述投资后；三方投资者各拥有甲公司 30 万元实收资本，并各占甲公司 1/3 的股份，各投资者的出资情况如下。

（1）投资者 A 以一台设备投入甲公司作为增资，该设备原价 18 万元，已提折旧 9.5 万元，评估确认价值为 12.6 万元，税务部门认定应交增值税额为 2.016 万元。投资者 A 已开具了增值税专用发票。

（2）投资者 B 以一批原材料投入甲公司作为增资，该批材料账面价值 10.5 万元，评估确认价值 11 万元，税务部门认定应交增值税额为 1.76 万元。投资者 B 已开具了增值税专用发票。

（3）投资者 C 以银行存款投入甲公司 39 万元。

【实训要求】根据以上资料进行会计处理。

【实训二】

【实训目的】练习发行股票的业务处理。

【实训资料】某股份有限公司委托证券公司代理发行普通股 6 000 000 股，每股面值 1 元，发行价格为每股 1.5 元，企业与证券公司约定，按发行收入的 2% 收取佣金，从发行收入中扣除，假定收到的股款已存入银行。

【实训要求】编制有关会计分录。

【实训三】

【实训目的】练习回购股票和注销股票的账务处理。

【实训资料】甲公司 2018 年 12 月 31 日的股本为 10 000 万股，面值 1 元，资本公积（股本溢价）3 000 万元，盈余公积 3 000 万元。经股东大会批准，甲公司以现金回购本公司股票 1 000 万股并注销。

（1）假定甲公司按每股 5 元回购股票。

（2）假定甲公司按每股 2.3 元回购股票。

（3）假定甲公司按每股 1 元回购股票。

【实训要求】不考虑其他因素，做出上述三种情况下回购股票和注销股票的会计分录。

五、真账实操演练

任务三　确认、记录企业的其他资本公积和其他综合收益

一、单项选择题

1. 企业将自用房地产转为以公允价值模式计量的投资性房地产。下列关于转换日该房地产公允价值小于账面价值的差额的会计处理表述中，正确的是（　　）。

A. 计入递延收益　　B. 计入当期损益

C. 计入其他综合收益　　D. 计入资本公积

2. 自用房地产转换为采用公允价值模式计量的投资性房地产，转换日该房地产公允价值大于账面价值的差额，正确的会计处理是（　　）。

A. 计入其他综合收益　　B. 计入期初留存收益

C. 计入营业外收入　　D. 计入公允价值变动损益

3. 长期股权投资采用权益法核算的，被投资单位除净损益、其他综合收益和利润分配以外的所有者权益的增加时，投资企业按持股比例计算应享有的份额，应贷记（　　）。

A. 其他综合收益　　B. 资本公积——其他资本公积

C. 长期股权投资　　D. 公允价值变动损益

4. 某公司年初资本公积为1500万元，本年已入账可供出售售金融资产公允价值增值净额200万元；经股东大会批准，用资本公积转增资本300万元。不考虑其他因素，该公司年末的资本公积为（　　）万元。

A. 1 700　　B. 1 500

C. 1 200　　D. 1 400

5. 企业购入一项金融资产，划分为“以公允价值计量且变动计入其他综合收益的金融资产”，期末该项金融资产发生公允价值上涨时，应贷记（　　）。

A. 其他综合收益　　B. 资本公积——其他资本公积

C. 其他债权投资　　D. 公允价值变动损益

二、多项选择题

1. 下列各项中，不属于其他综合收益的有（　　）。

A. 发行股票的溢价

B. 享有联营企业的其他综合收益变动的份额

C. 其他债权投资发生公允价值变动

D. 交易性金融资产公允价值变动

2. A房地产开发商于2018年1月将作为存货的商品房转换为采用公允价值模式计量的

投资性房地产，转换日的商品房账面余额为1亿元，未计提跌价准备，该项房产在转换日的公允价值为9 900万元，转换日关于投资性房地产的说法正确的是（　　）。

A. 转换日确认投资性房地产

B. 转换日投资性房地产按公允价值9 900万元计量

C. 转换日的公允价值小于存货的账面价值的差额100万元，计入公允价值变动损益

D. 转换日的公允价值小于存货的账面价值的差额100万元，计入其他综合收益

3. 下列各项中不应记入“资本公积——其他资本公积”科目的是（　　）。

A. 权益法核算的长期股权投资，被投资单位除净损益、其他综合收益和利润分配以外所有者权益的其他变动

B. 可供出售金融资产期末公允价值上升

C. 自有资产转换为采用公允价值模式进行后续计量的投资性房地产，转换日自有资产的公允价值大于其账面价值的差额

D. 回购股票价格低于其面值的差额

4. 下列各项中，属于资本公积来源的有（　　）。

A. 盈余公积转入　　B. 股本溢价

C. 资本溢价　　D. 从企业实现的净利润提取

5. 长期股权投资采用权益法核算的，被投资单位其他综合收益减少时，投资企业按持股比例计算应享有的份额（　　）。

A. 借记长期股权投资　　B. 借记其他综合收益

C. 贷记其他综合收益　　D. 贷记长期股权投资

三、判断题

1. 资本公积经批准后可用于派发股利。（　　）

2. 对于一个企业来说，投资者投入的资金，并不全部构成实收资本。（　　）

3. 收入能够导致企业所有者权益增加，因此，导致所有者权益增加的一定都是收入。（　　）

4. 当企业投资者投入的资本高于其注册资本时，应将高出部分计入营业外收入。（　　）

5. 交易性金融资产公允价值变动计入其他综合收益。（　　）

四、应用能力训练

【实训一】

【实训目的】练习其他资本公积的账务处理。

【实训资料】江苏环宇有限公司持有顺安公司40%的股份，并能够对顺安公司产生重大影响。2018年11月30日顺安公司资本公积中其他资本公积下降300万元。

【实训要求】做出2018年12月31日江苏环宇有限公司的账务处理。

【实训二】

【实训目的】练习其他综合收益的账务处理。

【实训资料】江苏环宇有限公司2018年7月15日与A公司签订了租赁协议，将一栋自用办公楼转换为采用公允价值模式计量的投资性房地产，该办公楼的账面原值为5 000万元，已计提累计折旧100万元，固定资产减值准备200万元，转换日的公允价值为6 000万元。

【实训要求】做出2018年7月15日江苏环宇有限公司的账务处理。

任务四 确认、记录企业的留存收益

一、单项选择题

1. 某企业2018年年初未分配利润为借方余额12 000元（该亏损为超过5年的未弥补亏损），当年净利润为210 000元，按10%的比例提取盈余公积。不考虑其他事项，该企业2018年年末未分配利润为（　　）元。

A. 178 200　　B. 198 000

C. 209 100　　D. 201 000

2. 2018年年初某企业所有者权益情况如下：实收资本300万元，资本公积26万元，其他综合收益11万，盈余公积28万元，未分配利润59万元。则该企业2018年初留存收益为（　　）万元。

A. 424　　B. 98

C. 59　　D. 87

3. 按企业利润分配的顺序，排在第一的是（　　）。

A. 弥补以前年度亏损　　B. 提取法定盈余公积金

C. 提取任意盈余公积金　　D. 向投资者分配利润

4. 2018年1月1日，虹飞公司“实收资本”账户贷方余额为690 000元，“资本公积”账户贷方余额70 000元，“盈余公积”账户贷方余额为60 000元，“利润分配——未分配利润”账户贷方余额为120 000元。2018年度，飞虹公司用资本公积20 000元转增资本，当年实现净利润850 000元，提取盈余公积85 000元，向投资者分配利润70 000元。2018年12月31日，飞虹公司所有者权益总额应为（　　）元。

A. 1 615 000　　B. 835 000

C. 1 720 000　　D. 870 000

5. 按现行制度规定，盈余公积金可以依法定的程序转增资本金，但转增资本金后，（　　）。

A. 企业法定盈余公积金不受限制

B. 企业法定盈余公积金不得高于注册资本的25%

C. 企业法定盈余公积金不得低于注册资本的25%

D. 企业任意盈余公积金必须为零

6. 下列各项中，不属于留存收益的是（　　）。

A. 资本溢价　　B. 任意盈余公积

C. 未分配利润　　D. 法定盈余公积

7. 企业用当年实现的利润弥补亏损时，应作的会计处理是（　　）。

A. 借记“本年利润”科目，贷记“利润分配——未分配利润”科目

B. 借记“利润分配——未分配利润”科目，贷记“本年利润”科目

C. 借记“利润分配——未分配利润”科目，贷记“利润分配——未分配利润”科目

D. 无需专门作账务处理

8. 某企业年初未分配利润为贷方36万元，本年实现净利润160万元，本年提取法定盈余公积16万元，向投资者发放现金股利25万元。该企业年末未分配利润贷方余额为（　　）万元。

A. 119　　B. 155

C. 102　　D. 77

二、多项选择题

1. 企业发生亏损时，下列各项中，（　　）是弥补亏损的渠道。

A. 以盈余公积弥补亏损　　B. 以资本公积弥补亏损

C. 用以后5年税前利润弥补　　D. 用5年后的税后利润弥补

2. 下列各项中，能够引起企业留存收益总额发生变动的有（　　）。

A. 本年度实现的净利润　　B. 提取法定盈余公积

C. 向投资者宣告分配现金股利　　D. 用盈余公积转增资本

3. 关于留存收益，下列说法正确的是（　　）。

A. 留存收益包括资本公积和未分配利润

B. 盈余公积科目应当分别“法定盈余公积”“任意盈余公积”进行明细核算

C. 未分配的利润是留存在本企业的、历年结存的利润

D. 年末“利润分配——盈余公积补亏”明细科目的余额应转入“利润分配——未分配利润”

4. 下列各项，构成企业留存收益的有（　　）。

A. 资本溢价　　B. 法定盈余公积

C. 任意盈余公积　　D. 未分配利润

5. 下列各项中，属于企业留存收益的有（　　）。

A. 累积未分配的利润

B. 按股东大会的决议从净利润中提取的任意盈余公积

C. 按规定从净利润中提取的法定盈余公积

D. 发行股票的溢价收入

6. 下列各项中，年度终了需要转入“利润分配——未分配利润 ”科目的有（　　）。

A. 本年利润　　　　　　　　　　B. 利润分配——应付现金股利

C. 利润分配——盈余公积补亏　　　D. 利润分配——提取法定盈余公积

7. 下列各项中，仅引起所有者权益内容结构发生变动而不影响所有者权益总额的有（　　）。

A. 用盈余公积弥补亏损　　　　　B. 用盈余公积转增资本

C. 股东大会宣告分配现金股利　　D. 实际发放股票股利

三、判断题

1. 年度终了，除“未分配利润”明细科目外，“利润分配”科目下的其他明细科目应当无余额。（　　）

2. 企业用当年实现的利润弥补亏损时，应单独做出相应的会计处理。（　　）

3. 未分配利润是企业尚未分配或待以后年度分配的利润或待以后年度弥补的亏损。（　　）

4. 企业本年的利润分配完毕之后，“利润分配”科目应无余额。（　　）

5. 企业以盈余公积向投资者分配现金股利，不会引起留存收益总额的变动。（　　）

6. 用盈余公积转增资本不影响所有者权益的变化，但会使企业净资产减少。（　　）

7. 如果以前年度未分配利润有盈余，在计算提取法定盈余公积的基数时，应包括企业年初未分配利润（　　）。

8. 某企业年初有未弥补亏损 20 万元，当年实现净利润 10 万元。按有关规定，该年不得提取法定盈余公积。（　　）

9. 某企业年初有未分配利润 80 万元，当年发生亏损 10 万元。按有关规定，该年应提取法定盈余公积 7 万元。（　　）

四、应用能力训练

【实训一】

【实训目的】练习留存收益业务的操作。

【实训资料】江苏环宇有限责任公司 2018 发生下列留存收益的业务：

（1）环宇公司 2018 年税后利润为 1 800 000 元，公司董事会决定按 10% 提取法定盈余公积，15% 提取任意盈余公积，分派现金股利 500 000 元（其盈余公积未达注册资本的 50%）。

（2）2018 年环宇公司现有股东情况如下：A 公司占 25%，B 公司占 30%，C 公司占 10%，D 公司占 5%，其他占 30%。经公司股东大会决议，以法定盈余公积 500 000 元转增资本，并已办妥转增手续。

【实训要求】根据以上资料进行会计处理。

【实训二】

【实训目的】练习留存收益业务的操作。

【实训资料】江苏东方公司2018年“未分配利润”年初贷方余额100万元，按10%提取法定盈余公积金，所得税率25%，2018年至2020年的有关资料如下：

（1）2018年实现净利200万元；提取法定盈余公积后，宣告派发现金股利150万元。

（2）2019年发生亏损500万元（假设无以前年度未弥补亏损）。

（3）2020年实现利润总额600万元。

【实训要求】

（1）编制2018年有关利润分配的会计分录（盈余公积及利润分配的核算写明明细科目）。

（2）编制2019年结转亏损的会计分录。

（3）计算2020年应交的所得税（假设无纳税调整项目）。

（4）计算2020年年末的可供分配利润。

项目十二 Project 12

确认收入、记录费用、结转利润

任务一 确认、记录企业的收入

一、单项选择题

1. 按照规定，下列业务中应确认为当月主营业务收入的有（　　）。

A. 5 月 8 日销售多余的原材料一批，价款 100 000 元，款已收到存入银行

B. 5 月 2 日销售产品一批，价款 50 000 元，但购货单位的财务状况已经恶化，估计收回的可能性很小。

C. 5 月 10 日销售产品一批，价款 100 000 元，收到购货单位交来的银行汇票一张。

D. 5 月 16 日出售一台设备，价款 20 000 元，款项尚未收到。

2. 企业年末结账后，一定无余额的账户是（　　）。

A. 主营业务收入　　B. 生产成本

C. 固定资产　　D. 原材料

3. 企业销售甲产品 1000 件，商品的标价为每件 100 元，为了促销，给与对方单位 10% 的商业折扣，增值税率为 16%。另有现金折扣条件为 2/10，1/20，n/30，在总价法下，应收账款的入账金额为（　　）。

A. 90 000　　B. 104 400

C. 100 000　　D. 116 000

4. 下列业务中不属于“其他业务收入”核算的有（　　）

A. 出租固定资产收入　　B. 销售材料收入

C. 随商品出售并单独计价的包装物收入　　D. 销售商品收入

5. 某企业 2018 年 9 月出售的产品由于质量问题被退回，退回时应冲减的销售收入应在退回当期记入（　　）。

A. 以前年度损益调整　　B. 营业外收入

C. 主营业务收入　　D. 营业外支出

6. 某工业企业销售产品每件 220 元，若客户购买 100 件（含 100 件）以上，每件可得到 20 元的商业折扣。某客户 2018 年 12 月 10 日购买该企业产品 100 件，按规定现金折扣条件为 2/10，1/20，n/30。适用的增值税率为 16%。该企业于 12 月 26 日收到该笔款项时，应给予客户的现金折扣为（　　）元。假定计算现金折扣时不考虑增值税。

A. 200　　　　B. 0

C. 232　　　　D. 220

7. 甲企业采用预收账款的方式销售一批产品给乙企业，2018 年 10 月 4 日收到预收款，2018 年 10 月 10 日发出商品，2018 年 10 月 15 日乙企业收到商品，2018 年 11 月 5 日收到剩余的货款，则甲企业确认收入实现的时间是（　　）。

A. 2018 年 10 月 4 日　　　　B. 2018 年 10 月 10 日

C. 2018 年 10 月 15 日　　　　D. 2018 年 11 月 5 日

8. 发出不符合收入确认条件的商品时，应借记（　　）。

A. 主营业务成本　　　　B. 库存商品

C. 发出商品　　　　D. 在途物资

9. 2018 年 8 月 2 日，甲公司向乙公司赊销一批商品。增值税专用发票上注明的价款为 300 万元，增值税税额为 48 万元。符合收入确认条件。9 月 15 日，乙公司发现该批商品外观有问题，要求按不含税销售价格给予 5% 的折让。甲公司同意并开具了红字增值税专用发票。同日收到乙公司支付的货款。下列各项中，关于甲公司销售折让会计处理结果表述不正确的是（　　）。

A. 冲减应交税费 2.4 万元　　　　B. 冲减主营业务收入 15 万元

C. 增加销售费用 17.4 万元　　　　D. 冲减应收账款 17.4 万元

10. 某企业售出商品发生销售退回，该商品销售尚未确认收入，且增值税纳税义务也未发生，则该企业收到退回的商品时，应贷记的会计科目是（　　）。

A. 应收账款　　　　B. 其他业务成本

C. 发出商品　　　　D. 主营业务成本

11. 下列各项中，采用支付手续费方式委托代销商品，委托方支付的手续费应借记的会计科目为（　　）。

A. 其他业务成本　　　　B. 管理费用

C. 销售费用　　　　D. 主营业务成本

12. 2018 年 11 月 1 日，甲公司接受乙公司委托为其安装一项大型设备，安装期限为 8 个月，合同约定乙公司应支付安装费总额为 60 000 元，当日收到乙公司 20 000 元预付款，其余款项安装结束验收合格后一次付清。截至 2018 年 12 月 31 日，甲公司实际发生安装费 15000 元，预计至安装完成还将发生安装费用 25 000 元，该公司按已发生的成本占估计总成本的比例确定完工进度，不考虑其他因素，甲公司 2018 年应确认的收入为（　　）元。

A. 22 500　　　　B. 15 000

C. 20 000　　　　D. 60 000

13. 下列各项中，不属于让渡资产使用权收入的是（　　）。

A. 债券投资获得的利息收入　　　　B. 出租周转材料收取的租金

C. 出租固定资产收取的保证金　　　　D. 股权投资获得的现金股利

14. 2018 年 1 月 1 日，甲公司采用分期收款方式向乙公司销售一套大型设备，合同约定的销售价格为 500 万元（不含增值税），从 2018 年开始分 5 次于每年 12 月 31 日等额收取。该大型设备成本为 400 万元。假定该销售商品符合收入确认条件，同期银行贷款年利率为 6%。已知：（P/A，6%，5）=4.2124。不考虑其他因素，甲公司 2018 年 1 月 1 日应确认的销售商品收入为（　　）万元。

A. 421.24　　B. 400

C. 500　　D. 580

15. 下列各项中，应确认为其他业务收入的是（　　）。

A. 现金股利收入　　B. 接受现金捐赠利得

C. 转让商标使用权收入　　D. 银行存款利息收入

16. 2018 年 4 月 12 日，某企业与客户签订一项工程劳务合同，合同期为一年，合同收入总额为 3000 万元，预计合同总成本为 2100 万元，至 2018 年 12 月 31 日该企业实际发生总成本为 1400 万元，但提供的劳务交易结果不能可靠估计，估计只能从工程款中收回成本 1050 万元，2018 年度该企业应确认的劳务收入为（　　）万元。

A. 1400　　B. 2100

C. 2900　　D. 1050

17. 下列各项中，应列入利润表“营业收入”项目的是（　　）。

A. 销售材料取得的收入　　B. 接受捐赠收到的现金

C. 出售专利权取得的净收益　　D. 出售自用房产取得的净收益

二、多项选择题

1. 按我国企业会计准则规定，下列项目中不应确认为收入的有（　　）。

A. 销售商品收取的价款　　B. 出售飞机票时代收的保险费

C. 旅行社代客户购买景点门票所收款项　D. 销售商品代垫的运杂费

2. 下列关于企业销售商品收入确认时点的表述中，正确的有（　　）。

A. 采用支付手续费委托代销方式销售商品，应在收到代销清单时确认收入

B. 采用预收货款方式销售商品，应在收到货款时确认收入

C. 采用交款提货方式销售商品，应在开出发票收到货款时确认收入

D. 采用托收承付方式销售商品，应在办妥托收手续时确认收入

3. 下列各项中，属于其他业务收入的是（　　）.

A. 出售材料取得的收入　　B. 出租设备取得的收入

C. 出售固定资产取得的收入　　D. 出租包装物取得的收入

4. 下列各项中，关于商品销售收入确认的表述正确的有（　　）。

A. 相关成本不能可靠计量的，不确认收入

B. 销售收入的确认条件不满足，但纳税义务已经发生，相应的收入应予以确认

C. 同一笔销售业务的收入和成本应在同一会计期间确认

D. 销售折让发生在确认销售收入之前的，应按扣除销售折让后的金额确认销售收入

5. 甲公司 2018 年 1 月 1 日发给乙公司商品 500 件，增值税专用发票注明的货款 30 000

元，增值税额 4 800 元，代垫运杂费 1 000 元，该批商品的成本为 25 000 元。甲公司发出货物后得知乙公司资金周转十分困难，预计暂时不能收回货款，但纳税义务已经发生。则甲公司下列相关会计处理中，正确的有（　　）。

A. 借：发出商品　　25 000

　　贷：库存商品　　25 000

B. 借：营业外支出　　25 000

　　贷：主营业务成本　　25 000

C. 借：应收账款　　1 000

　　贷：银行存款　　1 000

D. 借：应收账款　　4 800

　　贷：应交税费——应交增值税（销项税额）　　4 800

6. 下列各项中，关于采用支付手续费方式委托代销商品会计处理表述正确的有（　　）。

A. 委托方通常在收到受托方开出的代销清单时确认销售商品收入

B. 委托方发出商品时应按约定的售价记入“委托代销商品”科目

C. 受托方应在代销商品销售后按照双方约定的手续费确认劳务收入

D. 受托方一般应按其与委托方约定的售价总额确认受托代销商品款

7. 甲公司为一家培训公司。2018 年 12 月 1 日，甲公司与乙公司签订一项培训合同，期限 3 个月，截至 12 月 31 日，劳务合同进度不能可靠估计，已实际发生劳务 40 万，预计仅收回 20 万，下列处理正确的有（　　）。

A. 银行存款借记 20 万　　B. 主营业务成本借记 40 万

C. 主营业务收入贷记 20 万　　D. 劳务成本借记 20 万

8. 下列各项中，属于企业让渡资产使用权收入的有（　　）。

A. 出租固定资产取得的租金　　B. 接受捐赠取得的现金

C. 处置无形资产取得的净收益　　D. 股权投资取得的现金股利

9. 2019 年 1 月 1 日，甲公司采用分期收款方式向乙公司销售一批商品，合同约定的销售价值为 5 000 万元，增值税率 16%，分 5 年于每年 12 月 31 日等额收取，该批商品成本为 3 800 万元。如果采用现销方式，该批商品的价格为 4 500 万元，不考虑增值税等因素，2019 年 1 月 1 日，甲公司该项销售业务处理正确的有（　　）。

A. 借记长期应收款 5000 万元　　B. 借记主营业务成本 3 800 万元

C. 贷记主营业务收入 5 000 万元　　D. 贷记库存商品 3 800 万元

10. 以下事项影响主营业务收入确认金额的是（　　）。

A. 销售商品发生的销售折让　　B. 销售商品发生的现金折扣

C. 销售商品发生的销售退回　　D. 销售商品发生的商业折扣

三、判断题

1. 销售商品相关的已发生或将发生的成本不能合理估计的，企业在收到货款时确认为收入。（　　）

2. 企业为客户提供的现金折扣应在实际发生时冲减当期收入。（　　）

3. 发出商品不符合收入确认条件时，如果销售该商品的纳税义务已经发生，比如已经开出增值税专用发票，则应确认应交的增值税销项税额，并确认销售成本。（　　）

4. 如果销售商品不符合收入确认条件，在商品发出时不需要进行会计处理。（　　）

5. 已确认销售收入的售出商品发生销售折让，且不属于资产负债表日后事项的，企业应在销售折让发生时冲减当期销售商品收入。（　　）

6. 企业出售原材料取得的款项扣除其成本及相关费用后的净额，应当计入营业外收入或营业外支出。（　　）

7. 企业劳务的开始和完成分属于不同的会计期间，且在资产负债表日提供劳务交易的结果能够可靠估计的，应采用完工百分比法确认劳务收入。（　　）

8. 企业采用支付手续费方式委托代销，应将支付的手续费计入其他业务成本。（　　）

9. 对于持续一段时间但在同一会计期间内开始并完成的劳务，企业应在为提供劳务发生相关支出时，确认劳务成本，劳务完成时再确认劳务收入，并结转相关劳务成本。（　　）

10. 企业提供劳务结果不能可靠估计，已发生劳务成本预计全部不能得到补偿，则不确认劳务收入。（　　）

11. 企业债权投资获得的利息收入属于让渡资产使用权收入。（　　）

12. 一次性收取让渡资产使用权的使用费且提供后续服务的，应分期确认收入。（　　）

四、应用能力训练

【实训一】

【实训目的】掌握销售折扣、销售折让、销售退回的相关业务处理。

【实训资料】江苏环宇公司 2018 年 12 月发生如下经济业务，:

（1）12 月 2 日，向乙公司销售 A 商品 1 600 件，每件不含税售价为 0.5 万元，增值税税率 16%，商品实际成本为 480 万元。为了促销，江苏环宇公司给予乙公司 15% 的商业折扣并开具了增值税专用发票。甲公司已发出商品，并向银行办理了托收手续。

（2）12 月 10 日，因部分 A 商品的规格与合同不符，乙公司退回 A 商品 800 件。当日，江苏环宇公司按规定向乙公司开具增值税专用发票（红字），销售退回允许扣减当期增值税销项税额，退回商品已验收入库。

（3）12 月 15 日，江苏环宇公司将部分退回的 A 商品作为福利发放给本公司职工，其中生产工人 500 件，行政管理人员 40 件，专设销售机构人员 60 件，该商品每件市场价格为 0.4 万元（与计税价格一致），实际成本 0.3 万元。

（4）12 月 25 日，江苏环宇公司收到丙公司来函。来函提出，2018 年 11 月 10 日从江苏环宇公司所购 B 商品不符合合同规定的质量标准，要求江苏环宇公司在价格上给予 10% 的销售折让。该商品售价为 600 万元，增值税额为 96 万元，货款已结清。经江苏环宇公司认定，同意给予折让并以银行存款退还折让款，同时开具了增值税专用发票（红字）。

【实训要求】根据以上资料进行会计处理。

【实训二】

【实训目的】掌握接受劳务收入的相关业务处理。

【实训资料】江苏环宇公司于2018年12月1日接受一项设备安装任务，安装期为3个月，合同总收入300 000元，至年底已预收安装费220 000元，实际发生安装费用140 000元（假定均为安装人员薪酬），估计完成安装任务还需发生安装费用60 000元。假定甲公司按实际发生的成本占估计总成本的比例确定劳务的完工进度。

【实训要求】根据以上资料进行会计处理。

【实训三】

【实训目的】掌握接受劳务收入的相关业务处理。

【实训资料】甲公司于2018年3月10日接受一项设备安装任务，该安装任务可一次完成，合同总价款为9000元，实际发生安装成本5000元。假定安装业务属于甲公司的主营业务。

【实训要求】根据以上资料进行会计处理。

【实训四】

【实训目的】掌握委托代销的相关业务处理。

【实训资料】2018年11月30日甲公司委托丙公司销售商品100件，商品已经发出，每件成本为6万元。合同约定丙公司应按每件10万元对外销售，增值税税率16%，甲公司按售价的10%向丙公司支付手续费。2018年12月份丙公司对外实际销售80件，2018年12月28日甲公司收到丙公司开具的代销清单时，向丙公司开具一张增值税专用发票。假定：2018年11月30日甲公司发出商品时纳税义务尚未发生；甲公司商品采用实际成本核算，丙公司采用进价核算代销商品。2019年1月5日甲公司收到货款。

【实训要求】

（1）根据上述资料做出甲公司发出商品、收到代销清单以及支付手续费、结算款项的会计处理。

（2）根据上述资料做出丙公司收到代销货物、销售代销货物、结算款项的会计处理。

【实训五】

【实训目的】掌握分期收款相关业务处理。

【实训资料】A公司为增值税一般纳税人，适用的增值税税率为16%。2018年1月1日，A公司采用分期收款方式销售大型设备，合同价格为15 000万元，分5年于每年年末等额收取。假定该大型设备不采用分期收款方式时的现销价格为12 637.08万元，商品已发出，成本为9 000万元。假设A公司每期均按时收到货款并在每期收款时按收款额开出增值税专用发票，实际利率为6%。

【实训要求】根据上述资料分别做出如下会计处理。

（1）编制A公司2018年1月1日采用分期收款方式销售大型设备的会计分录。

（2）编制A公司2018年12月31日相关的会计分录并计算2018年年末未实现融资收益的摊销额。

（3）编制A公司2019年12月31日相关的会计分录并计算2019年年末未实现融资收益的摊销额。

（4）编制A公司2020年12月31日相关的会计分录并计算2020年年末未实现融资收益的摊销额。

（5）编制A公司2021年12月31日相关的会计分录并计算2021年年末未实现融资收益的摊销额。

（6）编制A公司2022年12月31日相关的会计分录并计算2022年年末未实现融资收益的摊销额。

【实训六】

【实训目的】 掌握收入的相关业务处理。

【实训资料】 甲公司为一家制造企业，适用的增值税税率为16%，商品销售全部符合收入确认条件，销售成本月末一次结转，M产品的单位成本为80元。2018年7月该公司发生下列业务：

（1）1日，向乙公司销售M产品8 000件，开具的增值税专用发票上注明的价款为80万元，增值税税额为12.8万元。商品当日已发出，甲公司上月已预收乙公司30万元货款，余款于当日收讫并存入银行。

（2）3日，与丙公司签订一份劳务合同，期限为9个月，合同总收入225万元（不含增值税），已预收135万元，该项劳务交易结果能够可靠估计，甲公司采用完工百分比法确认劳务收入。完工进度按照已发生成本占估计总成本的比例确定。截至7月31日已发生成本32万元，预计完成该合同义务还将发生成本128万元。

（3）5日，采用托收承付方式向丁公司销售M产品7 500件，开具的增值税专用发票上注明的价款为75万元，增值税为12万元。销售合同中规定的现金折扣条件为2/10、1/20、n/30。10日，收到丁公司支付的款项存入银行，计算现金折扣不考虑增值税。

（4）6日，按照与戊公司签订的租赁合同，以经营租赁方式将上月初取得的一台拟自用的生产设备出租给戊公司。31日，收取当月租金2万元（不含增值税）存入银行。该设备原价60万元，预计净残值为零，采用年限平均法按10年计提折旧，未计提减值准备。

【实训要求】 根据上述资料，不考虑其他因素，写出相关会计分录。

五、真账实操演练

扫一扫

“学过”区块课真账实操

任务二　确认、记录企业的费用

一、单项选择题

1. 下列各项中，不属于费用的是（　　）。

A. 销售商品等经常性活动发生的成本　B. 预计产品质量保修费用

C. 企业发生的现金折扣　D. 因违约支付的赔偿款

2. 下列各项费用中，不属于销售费用核算范围的是（　　）。

A. 广告费　B. 咨询费

C. 销售过程中的运费　D. 展览费

3. 甲企业销售库存商品一批，收到价款 200 万元，该批商品成本 170 万元，已提存货跌价准备 35 万元，应结转销售成本为（　　）万元。

A. 135　B. 165

C. 205　D. 170

4. 下列各项中，企业应计入销售费用的是（　　）。

A. 商标侵权案发生的诉讼费　B. 行政管理部门负担的工会经费

C. 专设销售机构固定资产的管理费　D. 向中介机构支付的咨询费

5. 下列各项中，企业不应确认为管理费用的是（　　）。

A. 计提的行政管理人员住房公积金　B. 计提应付行政管理人员的福利费

C. 代垫的行政管理人员医药费　D. 计提的行政管理人员社会保险费

6. 某企业某月销售商品发生商业折扣 20 000 元、现金折扣 15 000 元、销售折让 25 000 元。该企业上述业务计入当月财务费用的金额为（　　）万元。

A. 15 000　B. 20 000

C. 35 000　D. 45 000

7. 企业销售商品交纳的下列各项税费，不计入“税金及附加”科目的有（　　）。

A. 消费税　B. 增值税

C. 教育费附加　D. 城市维护建设税

8. 某企业 2018 年应交各种税金为：增值税 350 000 元，消费税 150 000 元，城市维护建设税 35 000 元，房产税 10 000 元，车船税 5 000 元，所得税 250 000 元。上述各项税金应计入管理费用的金额为（　　）万元。

A. 0　B. 150 00

C. 50 000　D. 200 000

9. 下列各项中，不应计入企业财务费用的是（　　）。

A. 支付的银行承兑汇票手续费　B. 支付的银行结算手续费

C. 确认的短期借款利息费　　　　　　D. 支付的发行股票手续费

10. A 工业企业 2018 年 5 月发生的经济业务有：发生生产车间管理人员工资 80 万元，发生行政管理人员工资 60 万元，计提车间用固定资产折旧 10 万元，支付生产车间固定资产维修费 10 万元，支付违约罚款 5 万元，支付广告费用 20 万元，预提短期借款利息 10 万元。则该企业当期的期间管理费用总额为（　　）万元。

A. 70　　　　　　B. 200

C. 195　　　　　　D. 105

二、多项选择题

1. 下列各项支出在发生时能直接确认为当期费用的是（　　）。

A. 广告费支出　　　　　　B. 固定资产安装人员工资

C. 管理部门设备维修费　　　　　　D. 专设销售机构人员的工资

2. 下列各项中，应计入管理费用的是（　　）。

A. 车间设备维修费　　　　　　B. 业务招待费

C. 广告费　　　　　　D. 行政管理部门人员工资

3. 下列各项中，不应计入管理费用的有（　　）。

A. 总部办公楼折旧

B. 生产设备改良支出（符合资本化条件）

C. 经营租出专用设备的修理费（不符合资本化条件）

D. 专设销售机构房屋的修理费（不符合资本化条件）

4. 下列各项中，应计入财务费用的有（　　）。

A. 企业发行股票支付的手续费

B. 企业支付的银行承兑汇票手续费

C. 企业购买商品时取得的现金折扣

D. 企业销售商品时发生的现金折扣

5. 下列各项中，应计入税金及附加的有（　　）。

A. 自用办公楼应交的城镇土地使用税

B. 销售应税矿产品应交的资源税

C. 销售商品应交的增值税

D. 销售应税消费品应交的消费税

6. 下列各项中，应计入销售费用的有（　　）。

A. 预计产品质量保证损失　　　　　　B. 由销货方承担的销售商品的运输费

C. 专设销售机构的办公费　　　　　　D. 推广新产品的宣传费

7. 下列各项中，资产的净损失报经批准应计入管理费用的是（　　）。

A. 火灾事故造成的库存商品毁损　　　　　　B. 自然灾害造成的包装物毁损

C. 属于一般经营损失的原材料毁损　　　　　　D. 无法查明原因的现金短缺

8. 下列各项中，应通过“管理费用”科目核算的有（　　）。

A. 支付的企业年度财务报告审计费　　　　　　B. 支付的排污费

C. 支付的广告费　　D. 发生的罚款支出

9. 下列各项中，应计入财务费用的有（　　）。

A. 银行承兑汇票手续费　　B. 购买交易性金融资产手续费

C. 外币应收账款汇兑损失　　D. 商业汇票贴现发生的贴现息

10. 下列各项中，不应计入税金及附加的有（　　）。

A. 购买房屋应交契税　　B. 进口材料应交的关税

C. 出售应税消费品应交消费税　　D. 转让商标使用权应交增值税

三、判断题

1. 主营业务成本按主营业务的种类进行明细核算，期末，将主营业务成本转入本年利润科目，结转后本科目无余额。（　　）

2. 企业支付专设销售机构固定资产的日常修理费应计入管理费用。（　　）

3. 购买商品支付货款取得的现金折扣列入利润表“财务费用”项目。（　　）

4. 企业为组织生产经营活动而发生的一切管理活动费用，包括车间管理费用和公司管理费用，都应作为期间费用处理。（　　）

5. 车间管理人员的工资不属于直接费用，因而不能计入产品成本，而应计入期间费用。（　　）

6. 企业向银行或其他金融机构借入的各种款项所发生的利息均应计入“财务费用”。（　　）

7. 按企业会计准则规定，企业发生的销售折让应作为财务费用处理。（　　）

8. 管理费用、销售费用、制造费用均属于期间费用。（　　）

四、真账实操演练

任务三　确认、记录企业的所得税费用

一、单项选择题

1. 根据《小企业会计准则》规定，小企业所得税核算采用的是（　　）方法。

A. 资产负债表债务法　　B. 应付税款法

C. 利润表债务法　　D. 净价法

2.（　　）是从资产负债表出发，通过比较资产负债表上按照企业会计准则规定确定的账面价值与按税法规定确定的计税基础，对于两者之间的差额区分应纳税暂时性差异和可抵扣暂时性差异，确认相关的递延所得税资产与递延所得税负债，并在此基础上确定每一期间利润表中的所得税费用。

A. 资产负债表债务法　　B. 应付税款法

C. 利润表债务法　　D. 净价法

3. 根据《企业会计准则》规定，企业所得税核算采用的是（　　）方法。

A. 资产负债表债务法　　B. 应付税款法

C. 利润表债务法　　D. 净价法

4. 江苏环宇公司 2016 年 12 月 31 日取得某项机器设备，原价 1 000 万（不含增值税），预计使用 10 年，预计净残值为 0，会计处理时按照年限平均法计提折旧，税法处理时允许采用加速折旧法计提折旧，大海公司在计税时对该项资产采用双倍余额递减法计提折旧，税法和会计估计的预计使用年限、净残值相等。计提了两年的折旧后，2018 年 12 月 31 日，大海公司对该项固定资产计提了 200 万的固定资产减值准备。2018 年 12 月 31 日，该项固定资产的计税基础为（　　）万元。

A. 800　　B. 200

C. 1 000　　D. 600

5. 江苏环宇公司 2018 发生研究开发支出共计 500 万元，其中研究阶段支出 100 万元，开发阶段不符合资本化条件的支出 120 万元，开发阶段符合资本化条件的支出 280 万元，假定环宇公司研发形成的无形资产在 2018 年 12 月达到预定用途，当月摊销 20 万元。假定会计摊销方法、摊销年限和净残值均符合税法规定，环宇公司 2018 年 12 月 31 日该项无形资产的计税基础为（　　）万元。

A. 0　　B. 260

C. 130　　D. 390

6. 江苏环宇公司 2018 年 1 月 1 日取得某项无形资产，成本为 600 万，企业无法合理预计该项无形资产未来带来经济利益的期限，则作为使用寿命不确定的无形资产。2018 年 12 月 31 日，对该项无形资产进行减值测试表明未发生减值。税法规定，该无形资产应按 10 年期限摊销，摊销额允许税前扣除。则 2018 年 12 月 31 日该项无形资产的账面价值和计税基础分别为（　　）万元。

A. 540 和 600　　　　B. 600 和 540

C. 540 和 540　　　　D. 600 和 600

7. 江苏环宇公司 2017 年 12 月 31 日“预计负债——产品质量保证”科目贷方余额为 100 万元，2018 年实际发生产品质量保证费用 60 万元，2018 年 12 月 31 日预提产品质量保证费用 80 万元，2018 年 12 月 31 日该项预计负债的计税基础为（　　）万元。

A. 0　　　　B. 120

C. 100　　　　D. 60

8. 在下列各项负债中，其计税基础为零的是（　　）。

A. 赊购商品　　　　B. 从银行取得的短期借款

C. 因确认保修费用形成的预计负债　　　　D. 因各项税收滞纳金和罚款形成的其他应付款

9. 江苏环宇公司 2018 年发生了 1 800 万元广告费支出，发生时已作为销售费用计入当期损益，并已支付。税法规定，该类支出不超过当年销售收入 15% 的部分允许当期税前扣除，超过部分允许向以后纳税年度结转扣除。江苏环宇公司 2018 年度实现销售收入 10 000 万元。2018 年 12 月 31 日该公司因广告费支出形成的可抵扣暂时性差异为（　　）万元。

A. 0　　　　B. 300

C. 1 500　　　　D. 2 000

10. 当资产的账面价值大于计税基础时，产生（　　）差异。

A. 可抵扣暂时性差异　　　　B. 应纳税暂时性差异

C. 不产生差异　　　　D. 永久性差异

11. 当负债的账面价值小于计税基础时，产生（　　）差异。

A. 可抵扣暂时性差异　　　　B. 应纳税暂时性差异

C. 不产生差异　　　　D. 永久性差异

12. 甲公司 2017 年 12 月购入一台管理用设备，并于当月投入使用。该设备的入账价值 60 万，预计使用年限为 5 年，预计净残值为 0，采用年限平均法计提折旧。税法规定采用双倍余额递减法计提折旧，且预计使用年限及净残值与会计相同。至 2018 年 12 月 31 日，该设备未计提固定资产减值准备，所得税税率 25%。对上述事项甲公司 2018 年 12 月 31 日对该项设备确认的递延所得税负债的余额为（　　）万元。

A. 12　　　　B. 24

C. 2　　　　D. 3

13. 甲公司于 2018 年 2 月 20 日外购一栋写字楼并于当日对外出租，取得时的成本为 12 000 万元，采用公允价值模式进行后续计量。2016 年 12 月 31 日，该写字楼公允价值跌至 11 200 万元。税法规定，该类写字楼采用年限平均法计提折旧，折旧年限为 20 年，预计净残值为 0。甲公司适用的所得税税率为 25%，2018 年 12 月 31 日甲公司对该项投资性房地产应确认的递延所得税资产为（　　）万元。

A. −75　　　　B. 75

C. 300　　　　D. 800

14. 甲公司适用的所得税税率为 25%。2017 年 12 月 31 日，甲公司交易性金融资产的计税基础为 2 000 万元，账面价值为 2 200 万元，“递延所得税负债”余额为 50 万元。2018 年 12 月 31 日，该交易性金融资产的公允价值为 2 300 万元。2018 年甲公司确认的递延所得税负债是（　　）万元。

A. －25　　　　B. 25

C. 75　　　　D. －75

15. 某企业 2018 年度利润总额为 3 150 000 元；经查，国债利息收入为 150 000 元；违约罚款 100 000 元。假定该企业无其他纳税调整项目，适用的所得税税率为 25%。该企业 2018 年所得税费用为（　　）万元。

A. 750 000　　　　B. 775 000

C. 785 000　　　　D. 815 000

16. 某企业 2018 年利润总额为 315 万元，其中国债利息收入为 15 万元。当年按税法核定的业务招待费为 250 万元，实际发生业务招待费为 230 万元。假定该企业无其他纳税调整项目，适用的所得税税率为 25%，递延所得税资产期初余额为 5 万元，期末余额为 12 万元，无递延所得税负债，假定递延所得税资产的发生额与所得税费用有关，则该企业 2018 年所得税费用为（　　）万元

A. 92.4　　　　B. 75

C. 68　　　　D. 181.5

17. 2018 年度某企业实现利润总额为 960 万，当年应纳税所得额为 800 万元，适用的所得税税率为 25%，当年影响所得税费用的递延所得税负债增加 50 万元。该企业 2018 年度利润表“所得税费用”项目本期金额为（　　）万元。

A. 250　　　　B. 240

C. 150　　　　D. 200

二、多项选择题

1. 以下哪些属于暂时性差异（　　）。

A. 交易性金融资产公允价值上升导致的账面价值与计税基础不一致

B. 税收滞纳金

C. 折旧方法不同导致的固定资产账面价值与计税基础不一致

D. 国债利息收入

2. 下列各项中，能够产生可抵扣暂时性差异的有（　　）。

A. 账面价值大于其计税基础的资产

B. 账面价值小于其计税基础的资产

C. 账面价值大于其计税基础的负债

D. 账面价值小于其计税基础的负债

3. 下列各项负债中，其计税基础不为零的有（　　）。

A. 因合同违约确认的预计负债

B. 从银行取得的短期借款

C. 因确认保修费用形成的预计负债

D. 因税收罚款确认的其他应付款

4. 下列各项中，影响利润表“所得税费用”项目金额的有（　　）。

A. 当期应交所得税　　B. 递延所得税收益

C. 递延所得税费用　　D. 代扣代缴的个人所得税

5. 关于所得税，下列说法正确的有（　　）。

A. 本期递延所得税发生额不一定会影响本期所得税费用

B. 企业应将所有应纳税暂时性差异确认为递延所得税负债

C. 企业应将所有可抵扣暂时性差异确认为递延所得税资产

D. 资产账面价值小于计税基础产生可抵扣暂时性差异

三、判断题

1. 企业的所得税一定等于企业的利润总额乘以所得税税率。（　　）

2. 资产的账面价值大于计税基础，产生应纳税暂时性差异，应确认为递延所得税负债。（　　）

3. 资产的计税基础，是指资产的账面价值减去未来期间计算应纳税所得额时按照税法规定可予税前抵扣的金额。（　　）

4. 暂时性差异，是指资产或负债的账面价值与计税基础之间的差额；未作为资产和负债确认的项目，不会产生暂时性差异。（　　）

5. 交易性金融资产账面价值大于其计税基础，产生应纳税暂时性差异。（　　）

6. 企业应将所有的可抵扣暂时性差异确认递延所得税资产。（　　）

7. 确认递延所得税资产一定会影响所得税费用。（　　）

四、应用能力训练

【实训一】

【实训目的】掌握计税基础与暂时性差异的确认。

【实训资料】甲公司2016年初应收账款账面余额200万元，坏账准备50万元，2017年末应收账款账面余额300万元，坏账准备90万元，2018年末应收账款账面余额350万元，坏账准备60万元。甲公司2017年和2018年税前会计利润均为200万元，所得税率为25%。

【实训要求】根据上述资料填制下表：

表12－1　　单位：万元

	2016年年末	2017年年末	2018年年末
账面价值			
计税基础			
可抵扣暂时性差异			
递延所得税负债期末余额			

【实训二】

【实训目的】掌握所得税费用的账务处理。

【实训资料】江苏环宇公司2018年12月发生如下经济业务：

江苏环宇公司当期应交所得税为5 000 000元，递延所得税负债年初数为400 000元，年末数为500 000元，递延所得税资产年初数为250 000元，年末数为200 000元。

【实训要求】

（1）计算该公司2018年12月应确认的递延所得税费用；

（2）计算该公司2018年12月应确认的所得税费用；

（3）做出确认所得税费用的账务处理

【实训三】

【实训目的】掌握纳税调整的核算。

【实训资料】甲公司2018年度按企业会计准则计算的税前会计利润为19 800 000元，所得税税率为25%。甲公司全年实发工资、薪金为2 000 000元，职工福利费300 000元，工会经费50 000元，职工教育经费100 000元；经查，甲公司当年营业外支出中有120 000元为税收滞纳罚金。假定甲公司全年无其他纳税调整因素。

【实训要求】计算甲公司2018年度的应纳税所得额、应交所得税额。

【实训四】

【实训目的】掌握纳税调整的核算。

【实训资料】甲公司2018年税前会计利润为100万元，所得税税率为25%，当年发生如下业务：

（1）罚没支出10万元；

（2）国债利息收入6万元；

（3）2018年4月1日甲公司购入乙公司的股票，初始取得成本为200万元，界定为交易性金融资产，年末该股票的公允价值为230万元。

（4）某销售部门用的固定资产自2018年初开始计提折旧，原价为200万元（税务上对此原价是认可的），假定无残值，会计上采用4年期、年数总和法提取折旧，税法上则采取5年期直线法计提折旧。

【实训要求】根据以上资料，填制下表并编制所得税的会计处理。

表12－2　　应交所得税计算表

编制单位：甲公司　　2018年度　　单位：万元

项目	账面价值	计税基础	可抵扣暂时性差异		应纳税暂时性差异		纳税调整增减额
			期初余额	期末余额	期初余额	期末余额	
营业外支出							
国债利息收入							
交易性金融资产							
固定资产							
合计							

续表

年度利润总额	应纳税所得额	应交所得税	递延所得税资产			递延所得税负债		
			期初数	期末数	本期数	期初数	期末数	本期数

任务四　结转利润、分配利润

一、单项选择题

1. 2018 年 12 月 20 日，某企业销售商品开出的增值税专用发票上注明的价款为 100 万元，增值税税额为 16 万元，全部款项已收存银行。该商品的成本为 80 万元，相应的跌价准备金额为 5 万元。不考虑其他因素，该业务使企业 2018 年 12 月营业利润增加（　　）万元。

A. 20　　　　B. 25

C. 30　　　　D. 15

2. 下列各项中，不应计入营业外收入的有（　　）。

A. 企业接受原材料捐赠的利得

B. 与日常活动无关的政府补助

C. 盘盈的固定资产

D. 因债权单位撤销而无法支付的应付款项

3. 下列各项中，属于营业外支出核算内容的是（　　）。

A. 无法查明原因的现金短缺　　　　B. 固定资产报废损失

C. 因计量误差造成的存货盘亏　　　　D. 结转售出投资性房地产的成本

4. 某公司因雷电造成损失共计 250 万元，其中流动资产 100 万元，非流动资产 150 万元，获得保险公司赔偿 80 万元，不考虑其他因素，则计入营业外支出的金额为（　　）万元。

A. 250　　　　B. 170

C. 150　　　　D. 100

5. 下列各项中，关于结转本年利润的方法表述不正确的是（　　）。

A. 表结法减少了月末转账环节工作量，且不影响利润表的编制

B. 账结法无需每月编制转账凭证，仅在年末一次性编制

C. 表结法下每月月末需将损益类科目本月发生额合计数填入利润表的本月数栏目

D. 期末结转本年利润的方法有表结法和账结法两种

6. 如果企业当年发生亏损，则结转“本年利润”账户时应做的会计分录是（　　）。

A. 不做账务处理

B. 借：本年利润

贷：利润分配——未分配利润

C. 借：利润分配——未分配利润

贷：本年利润

D. 借：营业外支出

贷：本年利润

7. 下列各项中，不影响营业利润的是（　　）。

A. 出售原材料的净损失　　B. 现金盘盈

C. 计提固定资产减值准备　　D. 计提坏账准备

8. 年末结账后，“利润分配”账户的借方余额表示（　　）。

A 累计未分配的利润　B 累计未弥补的亏损　C 利润的分配额　D 利润的实现额

9. 下列各项中，不会引起利润总额发生增减变动的是（　　）。

A. 计提存货跌价准备　　B. 确认劳务收入

C. 确认所得税费用　　D. 取得持有国债的利息收入

10. 某股份有限公司年初未分配利润 75 万元，当年实现净利润 750 万元，分别按 10% 和 5% 计提法定盈余公积和任意盈余公积，当年宣告发放现金股利 60 万元。不考虑其他因素，该公司年末未分配利润余额为（　　）万元。

A. 577.5　　B. 641.25

C. 652.5　　D. 712.5

11. 某企业 2018 年 1 月 1 日所有者权益构成情况如下：实收资本 1500 万元，资本公积 100 万元，盈余公积 300 万元，未分配利润 200 万元。2018 年度实现利润总额为 600 万元，企业所得税税率为 25%。假定不存在纳税调整事项及其他因素，该企业 2018 年 12 月 31 日可供分配利润为（　　）万元。

A. 600　　B. 650

C. 800　　D. 1100

12. 某企业 2018 年 11 月主营业务收入为 200 万元，主营业务成本为 150 万元，管理费用为 8 万元，公允价值变动收益为 3 万元，资产减值损失为 1 万元，资产处置收益 -2 万元，其他收益 3 万，投资收益为 7 万元，营业外收入为 6 万元。假定不考虑其他因素，该企业当月的营业利润为（　　）万元。

A. 42　　B. 45

C. 52　　D. 57

二、多项选择题

1. 下列各项中，应计入营业外收入的有（　　）。

A. 债务重组利得　　B. 接受捐赠利得

C. 固定资产报废利得　　D. 固定资产处置利得

2. 下列各项中，影响企业当期营业利润的是（　　）。

A. 处置房屋的净损失　　B. 经营出租设备的折旧费

C. 向灾区捐赠商品的成本　　D. 自然灾害导致原材料毁损的净损失

3. 下列关于结转本年利润账结法的表述中，正确的有（　　）。

A.“ 本年利润 ”科目本年余额反映本年累计实现的净利润或发生的亏损

B. 各月均可通过“本年利润 ”科目提供当月及本年累计的利润（或亏损）额

C. 年末时需将各损益类科目的全年累计余额结转入“本年利润 ”科目

D. 每月月末各损益类科目需将本月的余额结转入“本年利润 ”科目

4. 下列各项目的余额，期末结转到“本年利润”科目的有（　　）。

A. 营业外收入　　B. 资产处置收益

C. 销售费用　　D. 其他收益

5. 下列项目中，影响营业利润的有（　　）。

A. 处置固定资产的净收益　　B. 出租固定资产收入

C. 与企业日常活动相关的政府补助　　D. 与企业日常活动无关的政府补助

6. 企业利润分配包括（　　）。

A. 提取盈余公积　　B. 弥补以前年度亏损

C. 交纳所得税　　D. 向投资者分配利润

7. 下列各项，影响当期利润表中利润总额的有（　　）。

A. 现金盘盈　　B. 确认所得税费用

C. 对外捐赠固定资产　　D. 固定资产出售净收益

8. 下列项目中，可能引起企业营业利润发生增减变动的有（　　）。

A. 出售无形资产发生的净损失　　B. 资产减值损失

C. 发生的现金折扣或收到的现金折扣　　D. 出租固定资产取得的租金

三、判断题

1. 企业发生的固定资产盘盈，应该计入当期的营业外收入。（　　）

2. 企业本年度可供分配的利润就是当年实现的净利润。（　　）

3. 年度终了，只有在企业盈利的情况下，才应将“本年利润”科目的本年累计余额转入“利润分配——未分配利润”科目。（　　）

4. 未分配利润的含义是留待以后年度处理的利润，所以它是未指定用途的利润。（　　）

5. 会计年度终了，无论是表结法还是账结法，企业都应将各损益类科目的余额结转至“本年利润”科目。（　　）

7. 账结法下，各损益类科目每月月末只需结计出本月发生额和月末累计余额，不结转到“本年利润”科目。（　　）

四、应用能力训练

【实训一】

【实训目的】掌握利润形成的账务处理。

【实训资料】江苏环宇公司采用账结法核算利润，2018 年 12 月有关损益类科目的余额如下表所示：

表 12 – 11　　单位：元

科目名称	借方余额	贷方余额
主营业务收入		543 000
其他业务收入		35 000
投资收益		6 000
营业外收入		32 000
公允价值变动损益	18 000	
资产处置收益		20 000
其他收益		10 000
主营业务成本	340000	
其他业务成本	28 000	
税金及附加	35 000	
销售费用	20 000	
管理费用	42 000	
财务费用	11 000	
资产减值损失	30 000	
营业外支出	20 000	

【实训要求】根据上述资料编制结转损益的会计分录并计算全年实现的营业利润、利润总额和净利润（假设没有纳税调整事项）。

【实训三】

【实训目的】掌握利润的计算。

【实训资料】江苏环宇公司 2018 年 12 月份发生如下相关业务：

（1）12 月 4 日销售商品一批，按商品标价计算的金额为 200 000 元，由于是成批销售，甲公司给予客户 10% 的商业折扣，并开具了增值税专用发票，增值税税率 16%，款项尚未收回。该批商品实际成本为 150 000 元。

（2）12 月 6 日向本公司行政管理人员发放自产产品作为福利，该批产品的实际成本为 80 000 元，市场售价为 100 000 元，增值税税率 16%。

（3）12 月 10 日销售一批原材料，增值税专用发票注明售价 80 000 元，增值税税率 16%，款项收到并存入银行。该批材料的实际成本为 59 000 元。

（4）12 月 15 日经批准予以转销确实无法支付的应付账款 20 000 元。

（5）12 月 20 日 B 公司来函提出本月购买的产品中，有 80 000 元的甲产品质量不完全合格，要求在价格上给予 20 000 元的折让，经查明，符合原合同约定，同意 B 公司的要求，并办理退款手续和开具红字增值税发票，款项已通过银行存款支付。

（6）12 月 25 日以银行存款支付管理费用 20 000 元，

（7）12 月 30 日支付行政罚款 10 000 元。

（8）12 月 31 日计提短期借款利息 40 000 元。

（9）12 月 31 日计算销售产品应交的城市维护建设税 14 000 元，应交的教育费附加 6 000 元。

【实训要求】根据上述资料做出相应的账务处理，并计算江苏环宇公司 12 月的营业利润、利润总额和净利润。

【实训四】

【实训目的】掌握利润分配的账务处理。

【实训资料】江苏环宇公司公司 2018 年年初“利润分配——未分配利润”贷方余额 100 万元，每年按 10% 提取法定盈余公积。2017 年至 2018 年的有关资料如下：

（1）2017 年实现净利润 200 万元，提取法定盈余公积。

（2）2018 年实现净利润 600 万元，提取法定盈余公积，并提取 15% 的任意盈余公积，宣告发放现金股利 210 万元。

【实训要求】根据上述资料进行会计处理。

【实训五】

【实训目的】掌握利润形成与分配的账务处理。

【实训资料】甲公司为一般纳税人，增值税税率 16%，所得税税率 25%，2018 年度甲公司发生如下交易事项：

（1）6 月 25 日，购入乙公司股票 200 万股，作为交易性金融资产，该股票当日公允价值 2 050 万元（含已宣告尚未发放现金股利 50 万元），另支付交易费用 5 万元，增值税额为 0.3 万元，款项已支付。

（2）7 月 6 日，一台设备提前报废，原价 40 万元，已提折旧 25 万元，固定资产减值准备 5 万元；报废残料变价收入 2 万元，增值税额为 0.34 万元；发生清理费用 3 万元，增值税额为 0.18 万元，收支均用银行存款结算。

（3）12 月 31 日，确认权益法下长期股权投资的其他权益变动为 3 万元。

（4）除上述事项外，当年实现营业收入 1.5 亿元，期间费用 2 000 万元，税金及附加 1 000 万元，营业成本 7 000 万元。

（5）年末，当年业务招待费超标 50 万元，福利费超标 30 万元，不考虑其他调整事项。公司董事会决定按税后利润 10% 提取法定盈余公积，不向投资者分配利润。

【实训要求】根据上述资料完成下列内容：

1. 分别做出资料（1）~（3）的账务处理。

2. 根据资料（1）~（5）分别计算企业的利润总额、应纳税所得额、应交所得税、净利润。

3. 根据资料（5）做出企业结转净利润的账务处理。

4. 根据资料（5）做出企业计提法定盈余公积的账务处理。

项目十三 Project 13

编制会计报表　呈现经营状况

任务一　编制资产负债表

一、单项选择题

1. 下列各项中，不属于《企业会计准则》中规定的财务报表是（　　）。

A. 资产负债表　　B. 现金流量表

C. 收入支出表　　D. 所有者权益变动表

2. 下列各项中，可根据总账科目的余额直接在资产负债表中填列的是（　　）。

A. 应付账款　　B. 固定资产

C. 存货　　D. 短期借款

3. 甲公司 2018 年 3 月 1 日“银行存款”科目余额为 100 万元，“库存现金”科目余额为 0.2 万元，“其他货币资金”科目余额为 500 万元。12 日提取现金 5 万元，赊销商品 117 万元，收到银行承兑汇票 100 万元。则 2018 年 3 月 31 日甲公司资产负债表中“货币资金”项目填列的金额为（　　）万元。

A. 600.2　　B. 717.2

C. 817.2　　D. 722.2

4. 某企业年末“应收票据”科目的借方余额为 500 万元，“应收账款”科目的借方余额为 1 000 万元，其中“应收账款”明细账的借方余额为 1 200 万元，贷方余额为 200 万元，年末计提坏账准备后与应收账款有关的“坏账准备”科目的贷方余额为 80 万元。假定不考虑其他因素，该企业年末资产负债表中“应收账款”项目的金额为（　　）万元。

A. 1 200　　B. 1 700

C. 920　　D. 1 620

5. 某企业采用计划成本核算材料，2018 年 12 月 31 日结账后有关科目余额为：“材料采购”为 140 000 元（借方），“原材料”为 2 400 000 元（借方），“周转材料”为 1 800 000 元（借方），“库存商品”为 1 600 000 元（借方），“生产成本”为 600 000（借方），“材料成本差异”为 120 000 元（贷方），“存货跌价准备”为 210 000 元（贷方）。假定不考虑其他因素，该企业 2018 年 12 月 31 日资产负债表中“存货”项目的金额为（　　）。

A. 6 330 000　　B. 6 000 000

C. 6 210 000　　D. 6 540 000

6. 下列各项中，不应该在资产负债表“存货”项目中反映的是（　　）。

A. 委托代销商品　　B. 发出商品

C. 生产成本　　D. 工程物资

7. 下列关于资产负债表的填列方法中，不正确的是（　　）。

A. 货币资金项目应当根据“库存现金”“银行存款”和“其他货币资金”总账科目的期末余额计算填列

B. 固定资产项目的金额应为固定资产的账面价值

C. 资本公积项目应当根据“资本公积”科目期末余额填列

D. 应付债券应当根据“应付债券”科目期末余额填列

8. 某企业 2018 年 3 月 31 日结账后的“无形资产”科目余额为 5 200 万元，“累计摊销”科目余额为 1 200 万元，“无形资产减值准备”科目余额为 200 万元。该企业 2018 年 3 月 31 日资产负债表中“无形资产”项目金额为（　　）。

A. 5 200　　B. 4 000

C. 3 800　　D. 5 000

9. 某企业 2015 年 7 月 1 日从银行借入期限为 4 年的长期借款 1 000 万元，2018 年 12 月 31 日编制资产负债表时，此项借款应填入的报表项目是（　　）。

A. 短期借款　　B. 长期借款

C. 其他长期负债　　D. 一年内到期的非流动负债

10. 某公司 2018 年 6 月 30 日编制资产负债表时，长期借款明细账情况如下：向 A 银行借款 2 000 万元（借款期 3 年，借款日 2016 年 1 月 1 日）；向 B 银行借款 5 000 万元（借款期限为 5 年，借款日 2014 年 1 月 1 日）；向 C 银行借款 200 万元（借款期限 2 年，借款日 2017 年 1 月 1 日）；假定不考虑其他因素，则 2018 年 6 月 30 日资产负债表中“长期借款”项目应填列的金额为（　　）。

A. 200　　B. 7 200

C. 7 000　　D. 0

二、多项选择题

1. 在资产负债表中，下列各项目可以按总账科目余额直接填列的有（　　）。

A. 短期借款　　B. 货币资金

C. 资本公积　　D. 其他应付款

2. 下列各项中，在填列资产负债表时应根据总账科目余额和明细账科目余额分析填列的项目有（　　）。

A. 应付债券　　B. 应付账款

C. 预付账款　　D. 长期待摊费用

3. 资产负债表中“存货”项目的金额，应根据（　　）科目的余额分析填列。

A. 委托代销商品　　B. 材料成本差异

C. 发出商品　　D. 生产成本

4. 资产负债表中的“未分配利润”项目，应根据（　　）科目计算填列。

A. 本年利润　　B. 利润分配

C. 盈余公积　　D. 资本公积

5. 下列各项中，在填列资产负债表时应当减去其备抵科目的有（　　）。

A. 长期股权投资　　B. 存货

C. 无形资产　　D. 以摊余成本计量的金融资产

三、判断题

1. 我国资产负债表采用账户式结构，并满足“资产 = 负债 + 所有者权益”平衡式。（　　）

2. 按规定，财务报表应先列报流动性强的资产或负债，再列报流动性弱的资产或负债。（　　）

3. 资产负债表中的“应收票据及应收账款”项目应根据“应收票据”账户余额以及“应收账款”和“预收账款”两个账户所属的相关明细账户的期末借方余额减去与“应收账款”有关的坏账准备贷方余额计算填列。（　　）

4. “长期借款”项目，根据“长期借款”总账科目余额直接填列。（　　）

5. 资产负债表中确认的资产都是企业拥有的。（　　）

6. “长期借款”项目，应根据“长期借款”总账账户余额直接填列。（　　）

7. “预付账款”科目所属各明细科目期末有贷方余额的，应在资产负债表“应收账款”项目内填列。（　　）

8. 资产负债表中的“货币资金”项目反映企业现金和银行存款的期末余额合计数。（　　）

9. “研发支出”项目应根据“研发支出”账户中所属的“资本化支出”明细账户期末余额填列。（　　）

10. 如果“固定资产清理”科目出现借方余额，应在资产负债表“固定资产清理”项目中以负数填列。（　　）

四、应用能力训练

【实训一】

【实训目的】训练资产负债表的编制。

【实训资料】甲企业 2017 年 12 月 31 日有关资料如下：

（1）长期借款资料：

表 13－1

借款起始日期	借款期限（年）	金额（万元）
2017 年 1 月 1 日	3	200
2015 年 1 月 1 日	5	400
2014 年 6 月 1 日	4	300

（2）“长期待摊费用”项目的期末余额为 50 万元，将于一年内摊销的数额为 20 万元。

【实训要求】根据上述资料，计算资产负债表中下列项目的金额：

（1）长期借款 =

（2）一年内到期的非流动负债 =

（3）长期待摊费用 =

（4）一年内到期的非流动资产 =

【实训二】

【实训目的】训练资产负债表的编制。

【实训资料】某公司 2018 年 5 月 31 日有关账户余额如下：

表 13－2　　单位：元

账户	借方余额	贷方余额
材料采购	5 000	
原材料	10 000	
库存商品	20 000	
生产成本	3 000	
材料成本差异	2 100	
存货跌价准备		3 200
坏账准备——应收账款		4 400
应收票据	50 000	
应收账款	20 000	
其中：甲公司	30 000	
乙公司		10 000
应付票据	60 000	
应付账款		30 000
其中：丙公司	20 000	
丁公司		50 000
无形资产	58 400	
累计摊销		4 680
无形资产减值准备		9 000
应付职工薪酬	15 000	
本年利润		200 000
利润分配	80 000	

【实训要求】计算相关项目的填报金额。

（1）存货 =

（2）应收票据及应收账款 =

（3）预付账款 =

（4）应付票据及应付账款 =

（5）预收账款 =

（6）无形资产 =

（7）应付职工薪酬 =

（8）未分配利润 =

【实训三】

【实训目的】训练资产负债表的编制。

【实训资料】

甲公司为增值税一般纳税人，适用的增值税税率为16%。2018年7月初，该公司“应收账款——乙公司”科目借方余额为30万元，“应收账款—丙公司”科目贷方余额20万元。与应收乙公司账款对应的“坏账准备”科目贷方为1.5万元。该公司未设置“预收账款”科目。2018年7月，该公司发生相关经济业务如下：

（1）3日，向乙公司销售M产品1000件，开具增值税税额1.6万元，产品已发出；销售合同规定的现金折扣条件为：2/10，1/20，n/30，计算现金折扣不考虑增值税，款项尚未收到。

（2）13日，向丙公司销售一批H产品，开具增值税专用发票注明的价款30万元，增值税税额4.8万元。丙公司于上月预付20万元，款项已存入银行。

（3）20日，收回上年度已作坏账转销的丁公司应收账款2万元，款项已存入银行。

（4）31日，经减值测试预计应收账款未来净现金流量现值为39.6万元。

【实训要求】根据上述资料，不考虑其他因素，分析回答下列因素（答案中金额单位用万元表示）。

1. 根据资料（1），下列各项中，关于甲公司7月3日销售M产品的会计处理结果正确的是（　　）。

A. 确认应收账款11.5万元　　B. 确认主营业务收入10万元

C. 确认主营业务收入9.8万元　　D. 确认应收账款11.6万元

2. 根据期初资料和资料（2），下列各项中，甲公司13日销售H产品的会计处理结果正确的是（　　）。

A. “应交税费——应交增值税（销项税额）”科目贷方余额增加4.8万元

B. “主营业务收入”科目贷方余额增加30万元

C. “应收账款——丙公司”科目借方发生额增加34.8万元

D. “应收账款——丙公司”科目借方余额为14.8万元

3. 根据资料（3），下列各项中，关于收回已作坏账转销的丁公司应收账款的会计处理表述正确的是（　　）。

A. “银行存款”科目借方登记2万元

B. “坏账准备”科目借方余额登记 2 万元

C. “坏账准备”贷方登记 2 万元

D. “资产减值损失”科目贷方登记 2 万元

4. 根据期初资料及资料（1）~（4），下列各项中，甲公司相应会计处理结果正确的是（　　）。

A. 12 月末“应收账款—乙公司”账面价值为 39.6 万元

B. 12 月末“坏账准备”科目贷方余额为 2 万元

C. 12 月末应计提坏账准备 2 万元

D. 12 月末“应收账款—乙公司”科目借方余额为 41.6 万元

5. 根据期初资料及资料（1）~（4），下列各项中，甲公司年末资产负债表相关项目年末余额填列正确的是（　　）。

A. “预收账款”项目为 15.1 万元

B. “应收票据及应收账款”项目为 39.6 万元

C. “预收账款”项目为 20 万元

D. “应收票据及应收账款”项目为 54.4 万元

任务二　编制利润表

一、单项选择题

1. 企业当期应交纳的增值税为 54 000 元，当期交纳的消费税、资源税、城建税和教育费附加分别为 5 000 元、600 元、8 500 元、6 810 元，则反映在利润表上的税金及附加项目的数额应为（　　）元。

A. 74 910　　B. 20 910

C. 14 100　　D. 54 000

2. 某企业 2018 年发生的营业收入为 1000 万元，营业成本为 600 万元，管理费用为 50 万元，财务费用为 20 万元，投资收益为 40 万元，其他收益 10 万元，资产减值损失为 70 万元（损失），公允价值变动损益为 80 万元（收益），资产处置收益 20 万元，营业外收入为 25 万元，营业外支出为 15 万元。该企业 2018 年的营业利润为（　　）万元。

A. 370　　B. 330

C. 320　　D. 410

3. 在下列各项税金中，应在利润表中的“税金及附加”项目反映的是（　　）。

A. 车船使用税　　B. 城市维护建设税

C. 印花税　　D. 房产税

4. 下列各项中，不应列入利润表“营业成本”项目的是（　　）。

A. 已销商品成本　　B. 在建工程领用产品的成本

C. 对外提供劳务结转的成本　　D. 投资性房地产计提的折旧额

5. 下列各项中，影响企业“营业收入”的项目有（　　）。

A. 销售材料取得的收入　　B. 接受捐赠收到的现金

C. 出售专利权取得的净收益　　D. 出售自用房产取得的收益

二、多项选择题

1. 利润表的格式主要有多步式和单步式利润表。我国采用多步式利润表。（　　）
2. 利润总额 = 营业利润 + 营业外收入 − 营业外支出。（　　）
3. 净利润 = 利润总额 − 所得税费用。（　　）
4. 增值税应在利润表的“税金及附加”项目中反映。（　　）
5. 利润表是反映企业一定会计期间经营成果的会计报表。（　　）

三、判断题

【实训一】

【实训目的】 训练利润表的编制。

【实训资料】

某企业截至 2017 年 12 月 31 日止损益类科目如下：

（1）“主营业务收入”科目发生额为 1 990 000 元；

（2）“主营业务成本”科目发生额为 630 000 元；

（3）“其他业务收入”科目发生额为 500 000 元；

（4）“其他业务成本”科目发生额为 150 000 元；

（5）“税金及附加”科目发生额为 780 000 元；

（6）“销售费用”科目发生额为 60 000 元；

（7）“管理费用”科目发生额为 50 000 元；

（8）“财务费用”科目发生额为 170 000 元；

（9）“资产减值损失”科目发生额为 50 000 元；

（10）“公允价值变动损益”科目为借方发生额 450 000 元（无贷方发生额）；

（11）“投资收益”科目贷方发生额为 50 000 元（无借方发生额）；

（12）“其他收益”科目贷方发生额为 20 000 元（无借方发生额）；

（13）“资产处置损益”科目借方发生额为 30 000 元（无贷方发生额）；

（14）“营业外收入”科目发生额为 100 000 元；

（15）“营业外支出”科目发生额为 40 000 元；

（16）“所得税费用”科目发生额为 171 600 元。

【实训要求】 写出相关会计分录与计算相关项目的填报金额。

（1）结转各项收入、利得类科目；

（2）结转各项费用、损失类科目；

（3）营业利润 =

（4）利润总额 =

（5）净利润 =

【实训二】

【实训目的】训练利润表的编制。

【实训资料】

华新公司为增值税一般纳税企业，销售的产品为应纳增值税产品，增值税税率为16%。销售价格中不含增值税额。产品销售成本按经济业务逐笔结转。所得税税率25%。华新公司2018年7月发生的经济业务如下：

（1）向B公司销售甲产品一批，销售价格535 000元，产品成本305 000元。产品已经发出，并开出增值税专用发票，已向银行办妥托收手续。

（2）根据债务人的财务状况，对应收账款计提20 000元坏账准备。

（3）采用预收款方式销售商品，当年收到第一笔款项10 000元，已存入银行。

（4）收到B公司甲产品退货。该退货系华新公司2018年5月出售，售出时价税共计2 000元，成本1 750元，该货款当时已如数收存银行。华新公司用银行存款支付退货款项，退回的甲产品已验收入库，并按规定开出红字增值税专用发票。

（5）年末公司持有的交易性金融资产账面价值为40 000元，公允价值为41 000元。

（6）计提已完工工程项目的长期借款利息3 000元；用银行存款支付发生的管理费用5 000元（其中费用化的研发支出4 000元），销售费用2 000元。

（7）销售产品应交的城市维护建设税1 400元，应交的教育费附加600元。

（8）计算应交所得税（不考虑纳税调整事项）。

【实训要求】编制相关会计分录；编制华新公司2018年7月份的利润表。

表13－4 **利　润　表** 会企02表

编制单位： ____年____月 单位：元

项　　目	本期金额	上期金额
一、营业收入		
减：营业成本		
税金及附加		
销售费用		
管理费用		
研发费用		
财务费用		
其中：利息费用		
利息收入		
资产减值损失		
加：其他收益		
投资收益（损失以“－”号填列）		

续表

项　　目	本期金额	上期金额
公允价值变动收益（损失以“-”号填列）		
资产处置收益（损失以“-”号填列）		
二、营业利润（亏损以“-”号填列）		
加：营业外收入		
减：营业外支出		
三、利润总额（亏损总额以“-”号填列）		
减：所得税费用		
四、净利润（净亏损以“-”号填列）		

【实训三】

【实训目的】训练利润表的编制。

【实训资料】

甲公司为一家从事机械制造的增值税一般纳税人，适用的增值税税率为16%，所得税税率25%，按10%提取法定盈余公积。2018年1月1日，所有者权益总额为5 400万元，其中实收资本4 000万元，资本公积200万元，其他综合收益200万元，盈余公积800万元，未分配利润200万元。2018年度甲公司发生如下经济业务：

（1）经批准，甲公司接受乙公司投入不需要安装的设备一台并交付使用，合同约定的价值为3 500万元（与公允价值相等），增值税税额为560万元；同时甲公司增加实收资本2 000万元，相关法律手续已办妥。

（2）出售一项专利技术，售价25万元，款项存入银行，不考虑相关税费。该项专利技术实际成本50万元，累计摊销额38万元，未计提减值准备。

（3）结转固定资产清理净收益50万元。

（4）接受非关联方捐赠现金31万元，已存入银行。

（5）除上述经济业务外，甲公司当年实现营业收入10 500万元，发生营业成本4 200万元、税金及附加600万元、销售费用200万元、管理费用300万元、财务费用200万元。

【实训要求】假定上述资料外，不考虑其他相关因素，分析回答下列问题（答案中金额单位用万元表示）。

1. 根据资料（1），下列各项中说法正确的是（　　）。

A. 甲公司固定资产增加3 500万元

B. 甲公司增加实收资本2 000万元

C. 甲公司接受投资后的所有者权益总额为9 460万元

D. 甲公司增加应交税费560万元

2. 根据资料（2），下列会计处理正确的是（　　）。

A. 确认营业外收入13万元

B. 确认其他业务收入25万元

C. 确认营业外支出12万元

D. 减少无形资产50万元

3. 根据资料（1）~（5），甲公司2018年度的利润总额为（　　）万元。

A. 5 000　　B. 5 081

C. 5 094　　D. 5 063

4. 根据资料（1）至（5），假定甲公司无任何纳税调整事项，则年末未分配利润为（　　）万元。

A. 3 438.45　　B. 3 820.5

C. 4 020.5　　D. 3 638.45

任务三　编制现金流量表

一、单项选择题

1. 下列各项，不属于现金流量表中现金和现金等价物的是（　　）。

A. 库存现金　　B. 其他货币资金

C. 3个月内到期的债券投资　　D. 股票投资

2. 下列各项现金流出，属于企业现金流量表中“经营活动产生的现金流量”的是（　　）。

A. 偿还应付账款　　B. 偿还长期借款

C. 出售长期股权投资收到的现金　　D. 支付借款利息

3. 下列各项中，不属于现金流量表中“筹资活动产生的现金流量”的有（　　）。

A. 取得借款收到的现金　　B. 吸收投资收到的现金

C. 处置固定资产收回的现金净额　　D. 分配股利、利润或偿付利息支付的现金

4. 下列各项中，属于现金流量表中“投资活动产生的现金流量”的有（　　）。

A. 分派现金股利支付的现金　　B. 购置固定资产支付的现金

C. 吸收投资收到的现金　　D. 偿还公司债券利息支付的现金

5. 某企业2018年度发生以下业务，以银行存款购买将于两个月后到期的国债500万元，偿还应付账款200万元，支付生产工人工资150万元，购买固定资产300万元。假设不考虑其他因素，该企业2018年度现金流量表中“购买商品、接受劳务支付的现金”项目的金额为（　　）万元。

A. 350　　B. 850

C. 650　　D. 1 150

二、判断题

1. 现金流量表中“销售商品、提供劳务收到的现金”项目，反映本企业自营销售商品

或提供劳务收到的现金，不包括委托代销商品收到的现金。（　　）

2. 现金流量表的编制基础是权责发生制。（　　）

3. 财务费用项目引起的现金流量属于筹资活动现金流量。（　　）

三、应用能力训练

【实训一】

【实训目的】 训练现金流量表的编制。

【实训资料】

甲公司2010年有关资料如下：

（1）本期产品销售收入80 000元；应收账款期初余额10 000元，期末余额34 000元；本期预收的货款4 000元。

（2）本期用银行存款支付购买原材料货款40 000元；用银行存款支付工程用物资货款81 900元；本期购买原材料预付货款15 000元。

（3）本期从银行提取现金33 000元，用于发放工资。

（4）本期实际支付工资30 000元，各种奖金3 000元。其中经营人员工资18 000元，奖金2000元，在建工程人员工资12 000元，奖金1 000元。

（5）期初未交所得税为1 600元，本期发生的应交所得税6 600元，期末未交所得税为600元。

【实训要求】 根据上述资料，计算甲公司现金流量表中下列项目的金额，并列出计算过程（不考虑增值税）：

（1）“销售商品、提供劳务收到的现金”项目。

（2）“购买商品、接受劳务支付的现金”项目。

（3）“支付给职工以及为职工支付的现金”项目。

（4）“支付的各种税费”项目。

（5）“购建固定资产、无形资产和其他长期资产支付的现金”项目。

【实训二】

【实训目的】 训练现金流量表的编制。

【实训资料】

某商业企业为增值税一般纳税企业，适用的增值税率为16%。2018年相关资料如下：

（1）资产负债表有关账户年初、年末余额和部分账户发生额如下：

表13－1　　单位：万元

账户	年初余额	本年增加	本年减少	年末余额
应收账款	2 320			4 640
应收票据	580			348
交易性金融资产	300		50（出售）	250
应收股利	20	10		5

续表

账户	年初余额	本年增加	本年减少	年末余额
坏账准备	200	200（计提）		400
存货	2 500			2 400
长期股权投资	500	100（以无形资产投资）		600
应付账款	1 740			2 320
应交税费				
——应交增值税	250		308（已交） 272（进项税额）	180
——应交所得税	30	100		40
长期借款	600	300	200 （偿还本金）	700

（2）利润表有关账户本年发生额如下（单位：万元）：

表 13－6

账户名称	借方发生额	贷方发生额
主营业务收入		3 000
主营业务成本	1 700	
投资收益		
——现金股利		10
——出售交易性金融资产收益		20

（3）其他有关资料如下：

①交易性金融资产均为非现金等价物；

②出售交易性金融资产已收到现金；

③应收、应付款项均以现金结算；

④不考虑该企业本年度发生的其他交易和事项。

【实训要求】计算以下现金流入和流出（要求列出计算过程，答案中的金额单位用万元表示）：

（1）销售商品、提供劳务收到的现金；

（2）购买商品、接受劳务支付的现金；

（3）支付的各项税费；

（4）收回投资收到的现金；

（5）取得投资收益收到的现金；

（6）取得借款收到的现金；

（7）偿还债务支付的现金。

任务四　编制所有者权益变动表

一、单项选择题

1. 所有者权益是指企业资产扣除负债后由股东享有的“剩余权益”，也称为（　　）。

A. 净负债　　　　B. 净资产

C. 净收益　　　　D. 净流量

2. 当期所有者权益净变动额等于（　　）。

A. 总权益变动额　　　　B. 总资产变动额

C. 总股本变动额　　　　D. 净资产变动额

3. 下列项目中，不影响当期所有者权益变动额的项目是（　　）。

A. 净利润　　　　B. 所有者投入和减少资本

C. 所有者权益内部结转　　　　D. 利润分配

4. 公司对房地产进行重估时，资产负债表中资产的价值会增加，同时增加的是（　　）。

A. 未分配利润　　　　B. 资本公积

C. 公益金　　　　D. 盈余公积

5. 在所有者权益变动表中，直接计入所有者权益的利得和损失的内容包括（　　）。

A. 会计政策变更对当期利润的影响

B. 成本法下被投资方所有者权益的变动

C. 前期差错更正对所有者权益的影响

D. 可供出售金融资产公允价值变动净额

二、判断题

1. 所有者权益变动表可以反映债权人所拥有的权益，据以判断资本保值、增值的情况以及对负债的保障程度。（　　）

2. 所有者权益变动表中，所有者权益净变动额等于资产负债表中的期末所有者权益。（　　）

3. 若出现未实现的损益，公司的资产价值就会增减，公积也会随之增减，但未实现的损益不在年度利润表中披露，而是直接计入所有者权益。（　　）

4. 在不考虑其他项目时，将净利润调整为本期所有者权益变动额，应该在净利润的基础上，减去向股东分配的利润。（　　）

5. 库存股是指公司收回已发行的且尚未注销的不可以再次出售的股票。（　　）

任务五　编写报表附注

一、单项选择题

1. 下列各项中，关于财务报表附注的表述不正确的是（　　）。

A. 附注中包括财务报表重要项目的说明

B. 对未能在财务报表中列示的项目在附表中说明

C. 如果没有需要披露的重要事项，企业不必编制附注

D. 附注中包括会计政策和会计估计变更以及差错更正的说明